Sanidad *y Libertad* Plena

SOLTAR PARA PODER VOLAR

EVELYN PERALES

Para otros materiales, visítanos en:
EditorialGuipil.com

Sanidad y libertad plena
© 2023 by Evelyn Perales

Publicado por **Editorial Güipil**
Winston-Salem, NC - Miami, FL. Estados Unidos de América

Reservados todos los derechos. Ninguna porción ni parte de esta obra se puede reproducir, ni guardar en un sistema de almacenamiento de información, ni transmitir en ninguna forma por ningún medio (electrónico, mecánico, de fotocopiado, grabación, etc.) sin el permiso previo de los editores, excepto para breves citas y reseñas.

Esta publicación contiene las opiniones e ideas de su autor. Su objetivo es proporcionar material informativo y útil sobre los temas tratados en la publicación. Se vende con el entendimiento de que el autor y el editor no están involucrados en la prestación de servicios financieros, de salud o cualquier otro tipo de servicios personales y profesionales en el libro. El lector debe consultar a su consejero personal u otro profesional competente antes de adoptar cualquiera de las sugerencias de este libro o extraer deducciones de ella. El autor y el editor expresamente niegan toda responsabilidad por cualquier efecto, pérdida o riesgo, personal o de otro tipo, que se incurre como consecuencia, directa o indirectamente, del uso y aplicación de cualquiera de los contenidos de este libro.

Versículos bíblicos indicados con NVI han sido tomados de la Santa Biblia, Nueva Versión Internacional, NVI. ©1999 por Bíblica, Inc. Usado con permiso de Zondervan. Todos los derechos reservados mundialmente. www.zonderban.com.
Versículos bíblicos indicados con RV60 han sido tomados de la Santa Biblia, versión Reina Valera 1960. ©1960 Sociedades Bíblicas en América Latina; ©renovado 1988 Sociedades Bíblicas Unidas. Utilizado con permiso. Reina Valera 1960© es una marca registrada de la American Bible Society.
Versículos bíblicos indicados con NTV han sido tomado de la Santa Biblia, Nueva Traducción Viviente, © Tyndale House Foundation 2008, 2009, 2010. Usado con permiso de Tyndale House Publishers, Inc., 351 Executive Dr., Carol Stream, IL 60188, Estados Unidos de América. Todos los derechos reservados.

Editorial *Güipil*

Editorial Güipil. Primera edición 2023
www.EditorialGuipil.com

Categoría: Vida práctica / Inspiración
ISBN: 978-1-953689-72-6

DEDICATORIA

A ti, mi Dios, por soplar aliento de vida sobre mí, sanar mi cuerpo físico, mis emociones y llenarme de tu Espíritu Santo. Por sanar mi corazón herido, transformarme y entregarme una sanidad y libertad plena. Por las habilidades y talentos que me has entregado, para así llevar Tu Palabra alrededor del mundo, como un día lo declaraste. Por haberme entregado alas para volar y revolotear en Tu presencia.

A mis pastores generales, Abdías y Vilmarie Rivera, de La Casa del Alfarero en Chicago, Illinois. Son personas humildes, luchadoras, valientes, con una fe inquebrantable, cimentados en la oración y en la Palabra de Dios. Grandes adoradores, apasionados por servir al Señor y a los demás con todo su corazón. Muchas gracias por confiar en mí y en el depósito de Dios en mi vida.

A mi esposo, Mario Perales, por su apoyo incondicional en cada proyecto, por estar siempre tras bastidores impartiéndome ánimo. ¡Sin ti hubiera sido imposible!

A ti, mujer, que estás en la búsqueda de tu sanidad interior, de sanar las heridas del pasado y en búsqueda de la verdadera libertad. A ti que tienes este libro en tus manos y estás dispuesta a comenzar una travesía conmigo mediante la lectura de cada página. Al finalizar podrás decir: «Decidí soltar para poder volar.»

ELOGIOS

«¡Felicidades por el tema escogido! La sanidad interior es un tema que tal vez la iglesia como tal no enfrenta; pero hay tantos que tenemos cosas dentro que tenemos que sanar antes de llegar al propósito de Dios sobre nuestras vidas. El capítulo sobre la soledad me llamó mucho la atención, porque muchas veces podemos estar rodeados de personas, pero nos sentimos solas. Gracias por ser valiente y compartir tu historia. Me gustó mucho el formato de las preguntas al final del capítulo porque ayudan a pensar e internalizar lo que se leyó. Este libro va a ser una herramienta que no solo se puede usar personalmente, sino como un estudio para las damas o grupos de vida de la iglesia. ¡Adelante! Gracias por darme la bendición de compartir tu libro conmigo. ¡Muchas bendiciones!»

Dra. Sandra Artreche
Directora regional de damas. Church of God

«Como líder y pastor he experimentado el rechazo y cómo destruye a líderes, ministerios y familias, creando traumas y secuelas que son desastrosas y dolorosas. Este libro es una herramienta útil y poderosa, es un bálsamo al alma que puede crear y facilitar puentes de comunicación para sanar el alma herida a consecuencia del rechazo y el alejamiento del cuerpo del Señor Jesucristo. Dios es el cirujano de corazones rotos.»

Obispo William A. Castro Vega
Church of God

«Damos gracias a Dios por nuestra amada pastora Evelyn Perales. Su presencia y ministración en nuestro primer congreso de damas *Mujer, sanando mi interior*, en San Juan, Puerto Rico, marcó un antes y un después en la vida de nuestra iglesia. La felicitamos y nos llena de orgullo su valentía al desnudarse una vez más luego de su libro *Soy una mujer llamada propósito*, en beneficio de la mujer y la humanidad para glorificar con su testimonio a Cristo Jesús. En estos últimos tiempos se necesita una mujer guerrera y comprometida con el Señor que lleve un mensaje de esperanza y resiliencia Cristocéntrica. Mediante la lectura de este libro encontramos herramientas concretas para ser libres y sanar, teniendo la certeza de que Jesús está con nosotros.

No desmayes, ni claudiques en tu ministerio, pastora Evelyn, continúa escribiendo lo que el Espíritu Santo te dicte, porque hay muchas almas que necesitan escucharte.»

Pastores Gilberto Suárez y Sandra E. Román
Iglesia Casa de Adoración Jesús Estrella de la Mañana
San Juan, Puerto Rico

«He tenido el honor de haber conocido a la pastora Evelyn Perales en el Seminario Bíblico Hispano cuando ambas iniciamos los estudios y preparación para adquirir un certificado en liderazgo en el ministerio de la mujer hace unos cinco años. Puedo decir sin duda que ella ha sido una conexión divina en mi vida, porque desde que iniciamos nuestra amistad ella ha sido un vaso e instrumento de Dios para inspirarme a acercarme más a Él. Cada uno de los testimonios personales que ella ha compartido conmigo me han enriquecido y han sido de gran bendición. Este nuevo libro será un gran instrumento de edificación en las manos de cada vida que lo lea porque les impartirá algo real y auténtico de una persona que ha sido y sigue siendo procesada por la mano de Dios y la cual se ha alineado al plan y propósito de Él para ser de bendición a otros. Te felicito, y oro para que este nuevo proyecto sea un puente a muchísimos corazones y lugares para que sigas esparciendo con el favor del Padre y poder del Espíritu Santo la semilla de fe en Cristo Jesús, quien transforma vidas y a quien damos toda la gloria y honra por siempre.»

Pastora Joana Meléndez
Ministerio Iglesia Familia Unida y Ministerio Belleza Incorruptible

«El viaje inspirador de la pastora Evelyn a través de este libro muestra el poder sanador y transformador de Dios. Esta transformación ha despertado en ella un profundo deseo de ayudar a otras personas a superar los desafíos de su pasado y encaminarlas a un futuro brillante y lleno de esperanza. A través de su experiencia personal ha demostrado que confiar en Dios ha sido fundamental para sobrepasar los retos y obstáculos en su vida. Este libro de sanidad interior te llevará a reflexionar y a tomar decisiones para conducirte a un futuro mejor. Evelyn es realmente increíble, una mujer de gran impacto; gracias a su ayuda muchas personas experimentarán una transformación que les cambiará su vida. *Love you, Eve!*»

Saimarie Rivera
Líder de alabanza y adoración. Iglesia La Casa del Alfarero

Es un honor presentar "Sanidad y Libertad Plena: Soltar para poder volar", una obra inspiradora de la Pastora Evelyn. Su profundo compromiso con la sanidad emocional y espiritual se siente en cada página y cada palabra de este libro.

Las estadísticas de nuestros tiempos señalan la crítica necesidad de abordar los temas que este libro lleva al centro del escenario. La Pastora Evelyn, con su innato sentido de empatía y sabiduría, no solo reconoce estas necesidades, sino que también ofrece una guía tangible para navegar por los turbulentos mares de las emociones y la espiritualidad.

Este libro es un viaje, una travesía, una transformación. Es un mapa que nos guía en un camino personal e íntimo hacia la sanidad emocional y espiritual, y a la vez, un faro de esperanza que brilla en los momentos más oscuros.

La Pastora Evelyn nos guía con valentía a través de las aguas difíciles de las emociones negativas que nos han mantenido estancados y nos invita a encontrar la libertad para volar hacia nuestro propósito divino. Cada capítulo se despliega como un acto de amor y un llamado a soltar, a liberarse, a elevarse.

Tuve el privilegio de acompañar a la Pastora Evelyn en el proceso de creación de este libro y de ser testigo de su dedicación, su pasión y su amor por la sanidad emocional y espiritual. Este libro es un testimonio de su espíritu inquebrantable y su deseo incondicional de ayudar a otros en su camino hacia la libertad y el propósito.

Con todo mi respeto y admiración, recomiendo "Sanidad y Libertad Plena: Soltar para poder volar". Este libro te proporcionará las herramientas que necesitas para embarcarte en tu propio viaje de sanidad y libertad plena.

Rebeca Segebre
Presidente,
Editorial Güipil

AGRADECIMIENTOS

A Dios, por concederme los anhelos de mi corazón y darme el privilegio de publicar mi segundo libro. Por impartir esa inspiración y sabiduría que viene del cielo, por el talento de escribir este libro que será un gran recurso de sanidad interior y libertad para muchas personas alrededor del mundo.

A mis pastores, Abdías y Vilmarie Rivera, muchas gracias por confiar en mí y en el depósito de Dios en mi vida. Gracias por su gran apoyo, sus oraciones, por ser mis mentores y por el tiempo que han invertido en mí y en mis proyectos. Estaré eternamente agradecida.

A mi esposo Mario Perales, por tu gran apoyo incondicional, por ser ese primer oído presto para escuchar mis escritos. Por esa tacita de café calientita cuando más la necesitaba. Y como dije antes, sin ti hubiera sido imposible.

A Rebeca Segebre y su equipo de trabajo, por su guía y asesoramiento literario. Gracias por ayudarme a hacer este sueño realidad.

A mi familia, por su apoyo y sus oraciones.

Contenido

Dedicatoria
Elogios
Agradecimiento

Prólogo 15
Introducción 17

Capítulo 1
Es tiempo de sanar: ¿Qué es la sanidad interior? 21

Capítulo 2
No llores más: Derriba tu tristeza 33

Capítulo 3
Manejo de crisis: Violencia doméstica 45

Capítulo 4
Una emoción destructiva: La amargura 63

Capítulo 5
Un visitante inesperado: La soledad 77

Capítulo 6
Una gran batalla dentro de mí: La ansiedad 95

Capítulo 7
Una herida mortal: El rechazo 111

Capítulo 8
La imagen en el espejo: La autoestima 127

Capítulo 9
Escondida en mi propio mundo: La vergüenza 143

Capítulo 10
Metamorfosis: Sanidad y libertad plena 157

Acerca de la autora 169

PRÓLOGO

Imagínate que tuvieras a Jesús delante de ti y que te preguntara: «¿Quieres ser sana? ¿Quieres experimentar una libertad plena?» ¿Cuál sería tu respuesta?

Reconozco que estas son dos grandes preguntas y para poder contestarlas necesitas pensar y analizar muchas cosas. Por tal razón te invito a que apartes un tiempo a solas cada día, selecciona un lugar tranquilo sin distracciones para que recorramos esta trayectoria juntas. Estar sin distracciones implica tener control de tus pensamientos para no perder el enfoque del proceso que vas a comenzar. También requiere callar tu propia voz para permitir que el Espíritu Santo hable directamente a tu corazón. Puedes tener una música instrumental con una melodía suave o aromaterapia para que te ayude como medio terapéutico de relajación.

La oruga pasa por un proceso llamado metamorfosis. Esta tiene que soltar su pesado vestido corrugado para abrirse paso y entrar a su nueva temporada. Aquí es cuando comienzan a salir sus alas y tiene que extenderlas poco a poco para culminar con su objetivo de pasar de oruga a mariposa.

Un día yo también tuve que pasar por este proceso, y cuando me preguntaron: «¿Quieres ser sana?» Contesté con afirmación de lo profundo de mi corazón. Antes, al mirarme al espejo, solo veía una oruga; pero ahora puedo ver una imagen totalmente diferente, porque aprendí a mirarme como Dios me ve. Soy una mujer llamada propósito y nací para ser libre.

Dios tiene grandes planes para ti, por tal razón, hoy te invito a emprender un viaje hacia la sanidad y libertad plena, y a soltar para volar.

«Pues yo sé los planes que tengo para ustedes —dice el Señor—. Son planes para lo bueno y no para lo malo, para darles un futuro y una esperanza.» Jeremías 29:11 NTV

Evelyn Perales

INTRODUCCIÓN

En el año 2021 tuve el privilegio de escribir mi primer libro *Soy una mujer llamada propósito*, y me quedé muy impactada con los testimonios que recibí de mujeres y hombres de diferentes partes de Latinoamérica. Las personas comenzaron a testificar de cómo habían podido identificar áreas en sus vidas las cuales necesitaban sanar y cómo los temas expuestos habían sido de gran ayuda, no solo para ellos, sino también para sus grupos de mujeres y sus congregaciones. Este primer libro me abrió las puertas en diferentes lugares y comencé a ofrecer talleres, conferencias y retiros de sanidad interior. Muchas personas se me acercaron y comenzaron a motivarme a escribir un segundo libro, pues sentían la necesidad de sanar su interior y recibir ayuda en esta área, ya que en sus congregaciones no contaban con las herramientas ni los recursos necesarios.

Hoy, mi segundo libro es una realidad: *Sanidad y libertad plena*. Es un material temático en el cual desarrollo varios temas de desafíos muy comunes y a los que todos hemos estado expuestos de alguna manera en nuestra vida. Los temas han sido desarrollados mediante un análisis clínico de diferentes condiciones emocionales, casos de la vida real en mi trayectoria como profesional de la salud, en consejería pastoral, en el ministerio de sanidad interior, historias de personas que he conocido y mis experiencias personales. Entre los temas que he desarrollado se encuentran:

- Qué es la sanidad interior.
- La tristeza.
- La amargura.
- Violencia doméstica.
- La soledad.
- La ansiedad.
- El rechazo.
- La autoestima.
- La vergüenza.
- Metamorfosis.

Cada capítulo tiene un desafío diferente; utiliza historias reales, historias de mujeres de la Biblia, provee recomendaciones clínicas, terapéuticas, consejos de salud, basados en mi experiencia profesional y propone una solución basada en los principios bíblicos a la luz de las Escrituras. Recibirás consejos prácticos para sanar tu niña interior, quien en algún momento fue herida y necesita recibir sanidad interior, desarrollar sus relaciones interpersonales, crecer emocional y espiritualmente, para así experimentar una sanidad y libertad plena.

Al finalizar cada capítulo te invito a que hagas una oración para que hagas una introspección mediante unas preguntas y así reflexiones sobre el tema expuesto. Esto te ayudará a soltar todo aquello que te ha mantenido estancada, y derribarás murallas en tu mente y en tu corazón para ser transformada. Luego de sanar tu interior y experimentar una libertad plena podrás conocer y entender el propósito de Dios en tu vida. Te invito hacer un compromiso contigo misma y con Dios para comenzar esta travesía.

Mi oración es que cada palabra aquí expuesta, inspirada por Dios, sea el bálsamo que necesitas para impartirte nuevas fuerzas para sanar y ser libre. La sanidad interior implica pasar por un proceso de metamorfosis, de cambio y de transformación, para convertirte en una mujer de impacto y en un agente de cambio. Decide hoy soltar para volar. ¡Extiende tus alas y remóntate a las alturas!

Este libro puede ser utilizado de manera personal, en grupos pequeños, charlas, talleres, estudios bíblicos y retiros de sanidad interior.

Yo, _____(Escribe tu nombre), hoy decido libre y voluntariamente comenzar este viaje maravilloso tomada de la mano Dios.

Quiero ser transformada, restaurada, quiero tener gozo, paz y experimentar la libertad que un día me entregaste en la cruz.

Hoy comienza una nueva temporada en mi vida, de sanidad y libertad plena porque decidí soltar para poder volar.

_____(Fecha)

CAPÍTULO 1
ES TIEMPO DE SANAR: ¿QUÉ ES LA SANIDAD INTERIOR?

PARA VOLAR TIENES QUE SOLTAR

¡Buenas noticias! Si tienes este libro en tu mano, no ha sido casualidad. Mi oración ha sido que este libro pueda llegar a las personas que lo necesitan, y tú eres una de ellas. Oro para que cada palabra y pensamiento aquí escrito mediante la inspiración divina te ayude a experimentar una libertad plena y abundante. También deseo que puedas sanar tu interior para que tu vida sea transformada y llegues a un nuevo nivel.

Hay momentos en los cuales podemos sentirnos estancados en un área de nuestra vida, y hay algo que no nos permite avanzar. Allí es donde podemos detenernos en nuestro caminar y sentir un poco de dificultad en alcanzar nuestras metas. De momento sientes un poco de tensión en tu vida relacional con otras personas, en la forma como actúas, en la toma de decisiones y que tu vida espiritual carece de gozo, paz y hasta te sientes incómoda contigo misma. Pareciera que en el rompecabezas de tu vida faltara una gran pieza. Es como si estuvieras en medio de una densa neblina que no te permite ver con claridad lo que tienes por delante. Y esto te puede causar duda, inseguridad y tristeza. Es de vital importancia llegar a la raíz del problema, descubrir el porqué de ese estancamiento y qué lo está causando para poder tener claridad.

En una ocasión me encontraba reunida con un grupo de mujeres que habían recibido a Cristo como su salvador y tenían ya algún tiempo asistiendo a la iglesia. Comencé a explicarles lo que significaba la sanidad interior y la importancia de sanar las heridas del pasado. Ya había separado una casa en un lugar apartado fuera de la ciudad para llevar a cabo un retiro de mujeres, porque mi intención era ayudarlas y proveerles las herramientas que necesitaban para seguir hacia adelante. Les entregué unos cuestionarios con varios temas para así desarrollar una agenda tomando en consideración sus necesidades personales.

En el proceso de tabular los resultados me surgieron varias preguntas como las siguientes: ¿Cómo era posible que las personas que habían aceptado a Cristo como su salvador, sus pecados habían sido perdonados, habían recibido salvación y vida eterna como el más hermoso regalo, pudieran estar sintiendo una tristeza profunda constante? ¿Qué eventos significativos habían causado que sintieran una baja autoestima? ¿Quién las había rechazado? ¿Habían podido perdonar a su ofensor? ¿Cuáles son los detonantes para que experimentaran una conducta explosiva? ¿Por qué hoy sienten vergüenza, ansiedad, depresión, soledad y falta de perdón?

Estas fueron solo algunas de las preguntas que me hice ese día. Estuve meditando por un largo tiempo y llegué a la conclusión que había algo más que tenía que hacer. Ante ese panorama que tenía ante mis ojos no podía quedarme con los brazos cruzados. Aquí es cuando Dios puso en mi corazón el escribir este libro para poder ayudar a muchas personas que se sienten de la misma manera y proveer algunas herramientas para el proceso de sanidad y crecimiento.

QUÉ ES SANIDAD INTERIOR

La sanidad interior es el proceso mediante el cual alguien es sanado y liberado de las heridas y traumas del pasado. Estas heridas pueden ser producidas por personas significativas o por algún hecho, e impiden disfrutar de una vida plena y abundante. La sanidad interior implica una transformación y una renovación del alma, voluntad, emociones y mente por medio de la Palabra de Dios y del Espíritu Santo.

ESTE PROCESO CONLLEVA TRES PASOS

1. **Toma la decisión**

Lo primero que debes hacer es reconocer que necesitas sanar tu interior y tomar la decisión de sanar, y esto es totalmente voluntario. En el proceso de sanidad debes ir al pasado y recordar las situaciones que marcaron tu vida. Esto implica tocar el dolor. Este proceso es diferente en cada persona porque todos procesamos y reaccionamos ante los eventos de forma distinta. En ocasiones utilizamos mecanismos de defensa para tratar de mitigar el dolor y su intensidad. Busca personas que te puedan ayudar en este proceso de sanidad interior porque sola no lo puedes hacer.

2. **Quítate la máscara**

En ocasiones nos acostumbramos a ponernos una máscara para que otros no puedan ver nuestro dolor; nos acostumbramos a vivir una doble vida que nos impide vivir en plena libertad. Esto hace que en ocasiones sintamos temor de mostrar quiénes realmente somos y ser rechazadas, lo cual añade aun más dolor a nuestra vida. Pero quiero que sepas, que Dios te conoce y sabe por todas las situaciones que has pasado; Él te ama y quiere sanar tu corazón herido.

3. **Derriba a los gigantes**

Tienes que derribar toda resistencia. Derriba todos esos gigantes que te han estado deteniendo en tu caminar por la vida. El proceso de sanidad no ocurre de la noche a la mañana: conlleva algún tiempo. Puede que solo el escuchar la idea de sanar te pueda causar un poco de temor e inseguridad. Acércate a Dios con un corazón sincero y pon tu fe en acción para creer que Dios va a transformar tu vida, va a renovar tus pensamientos para impartirte una nueva vida.

SANA Y RESTAURA TU NIÑA INTERIOR

«Aquello que fue, ya es; y lo que ha de ser, fue ya; y Dios restaura lo que pasó.» Eclesiastés 3:15 RV 1960

Me gustaría que pudieras reflexionar en lo siguiente: El pasado no lo podemos cambiar.

Los primeros años de vida son muy significativos y hay muchas personas que hoy día están sufriendo por eventos y experiencias de su niñez. Estas pueden haber surgido en el proceso de gestación o en alguna de sus etapas de crecimiento y desarrollo. La magnitud puede ser de diferente calibre, pero las huellas que dejan son imborrables en tu niña interior. Como consecuencia, esa niña herida se sumerge en las profundidades de su tristeza, angustia y dolor emocional. En muchas ocasiones esta situación domina a la persona de manera tal que nada le satisface en la vida y no le permite ser feliz. Esto hará que la persona siempre esté tratando de llenar su vacío de muchas formas, hasta que se da cuenta que nada la puede satisfacer y puede llegar a un estado de frustración. Puedes ir al médico para que te revise y te prescriba un medicamento para algún dolor o alguna condición física. Pero no vas a encontrar un medicamento para curar tu dolor emocional ni para sanar ni restaurar a tu niña herida. La única forma en la que puedes sanar y ser libre es mediante una intervención divina. Su amor y misericordia están disponibles para ti cada día de tu vida. Él te ayudará a soltar todo ese peso que has llevado sobre tus hombros y curará y vendara tus heridas, porque Su amor es incomparable. No tienes que continuar tu vida de la misma manera, hay esperanza para ti.

«Así que acerquémonos con toda confianza al trono de la gracia de nuestro Dios. Allí recibiremos su misericordia y encontraremos la gracia que nos ayudará cuando más la necesitemos.» Hebreos 4:16 NTV

En donde laboro, participo semanalmente de reuniones de un grupo interdisciplinario. El equipo de profesionales que está a cargo del paciente: médico, enfermera, asistente de enfermería, trabajadora social, psicólogo, nutricionista, terapia física, ocupacional, del habla, capellán, y la familia del paciente. En la gran mayoría de los casos, cuando estamos hablando del plan de cuidado, las intervenciones y el progreso del paciente, salen eventos de la niñez y del pasado de esa persona que han influenciado su salud física, emocional y espiritual. Este es el foro para que ellos puedan ventilar sentimientos y emociones, y nosotros podamos escucharlos, proveer apoyo y crear un plan para solucionar su problema. Si pasaste por alguna situación traumática, te entiendo porque yo también sufrí algunas experiencias que marcaron mi vida. Para muchas personas es como si el tiempo se hubiera detenido, se quedaron en esa etapa de su vida y no pueden salir de ahí. Pero no tienes que seguir viviendo de esa manera por el resto de tu vida. Ha llegado el tiempo de transición en el cual puedes ser libre de ese pasado doloroso. ¡Ha llegado el día para sanar y ser libre!

Dios restaura lo que pasó. La sanidad interior es la medicina que cura la tristeza, la amargura, la soledad, el odio, el resentimiento, el rencor, el sentimiento de venganza, la ansiedad y la depresión. Nunca planificaste tu pasado, simplemente surgió. Estoy segura de que hubieras querido que las cosas hubieran sido diferentes y que han sido muchas las veces que te has preguntado: «¿Por qué me tuvo que pasar esto a mí?» Puede ser que tu vida gire en ese entorno del pasado. No puedes cambiarlo, pero puedes cambiar tu presente y tu futuro. Hoy es día de buenas noticias: No puedes cambiar tu historia, pero con la ayuda de Dios puedes soltar tu pasado, perdonar, sanar, extender tus alas y experimentar una nueva vida en Cristo.

En mi trayectoria trabajando con grupos de mujeres y sanidad interior, he podido ver muchas vidas y familias restauradas y transformadas. El sanar es un proceso que toma tiempo y no ocurre de la noche a la mañana, hay que tener en consideración que todos somos diferentes y que todas las experiencias van de lo simple a lo complejo y en otros casos hay eventos traumáticos que toman aun más tiempo y que se necesita la intervención de profesionales de la salud. El proceso no es un evento aislado para mí, lo conozco muy bien pues yo también estuve un día en tu lugar, tratando de buscar ayuda para que hubiera cambios permanentes en mi vida. Tuve un encuentro con Dios el cual pudo restaurar mi pasado, mitigó mi dolor y mi tristeza y llenó mi vida de su amor y de su paz. Hoy puedo danzar y cantar con una plena libertad, porque cambió mi tristeza y mi vergüenza. ¡Él me hizo libre! Aprendí que tengo alas para volar, para salir de mi condición actual y que solo yo puedo decidir cuán alto puedo llegar.

ESTA ES MI HISTORIA

Para hablar y escribir de sanidad interior y libertad tuve que pasar por el proceso de sanar mi interior. Este proceso tomó varios años y recibí consejería pastoral y profesional.

Mi primer libro *Soy una mujer llamada propósito*, es un devocional de 30 días para la mujer que desea alcanzar su propósito y libertad. Mediante lecturas cortas, narro una historia real de mi vida, los desafíos y la aplicación de los principios bíblicos en cada una de las situaciones que experimenté.

El rechazo, la traición, burla, tristeza, culpa, baja autoestima, falta de perdón, vergüenza, dolor físico, dolor emocional, temor, angustia, tristeza, corazón roto, fracaso, enfermedad, abuso, mentira, abandono, ansiedad, abuso físico, coraje, soledad, falta de fe, cercanía a la muerte, esterilidad, odio y resentimiento fueron algunos de los desafíos que tuve que enfrentar en mi trayectoria por la vida. Estoy totalmente segura que quizás te puedes identificar con algunos de estos desafíos. Quiero que sepas que no estás sola, que al igual que tú hay muchas personas que se sienten de igual manera y no saben qué hacer. Cuando estaba escribiendo ese libro pude experimentar algo maravilloso. Antes de sentarme a escribir pasaba un tiempo a solas, orando y leyendo la Biblia; y al escribir pude percatarme que aún habían heridas en mi corazón que no había sanado. Cada vez que escribía era una cita divina que tenía con el Espíritu Santo y era confrontada para sanar. A través de ese libro te testifico que Dios terminó de sanar mi vida. Era como si Él derramara un bálsamo de Su amor y presencia en mi vida para sanar mis heridas y llenarme de Su paz. Al terminar de escribir el libro pude comprender que para una persona conozca su propósito primero necesita sanar su interior y experimentar la verdadera libertad que se nos fue entregada en la cruz.

Puede que al leer este libro puedas sentirte confrontada con muchos pensamientos, recuerdos y emociones. Pero todo esto es necesario para que tu vida sea transformada para siempre. Quizá tengas que ir a ese sótano frío y oscuro donde tienes guardado ese gran baúl con recuerdos y grandes secretos que solamente tú sabes, los cuales han estado ahí guardados desde hace muchos años porque te provocan dolor y un malestar que no puedes explicar. Pero hoy quiero decirte que tienes que soltar todo tu dolor para que puedas sanar y experimentar la libertad que un día se nos fue entregada a los pies de la cruz. Este libro será una gran herramienta porque te ayudará encontrarte contigo misma, conocerte mejor y explicar algunos de los sentimientos y emociones que están dentro de ti, y ciertas conductas y reacciones que a veces no puedes entender. Podrás encontrar la respuesta a muchas preguntas e interrogantes que han estado dentro de ti y que, a pesar de haber llegado a la adultez, no tenías una respuesta.

Para poder experimentar una libertad plena debemos decidir
- Derribar fortalezas que se han creado en la mente y en el corazón.
- Sanar heridas del pasado.

- Identificar conductas aprendidas que se han convertido en un patrón.
- Ir a los pies de la cruz.

Uno de los pasos más importantes durante todo este proceso es ir a los pies de la cruz

En Lucas 23:44-49 se relata la historia de la muerte de Jesús en la cruz, y este era el escenario: Jesús en una gran cruz, entre dos malhechores; algunas personas estaban alegres por lo que estaba sucediendo en ese momento, otros estaban muy tristes, con coraje, confundidos y otros eran testigos de un evento injusto. El cuerpo de Jesús sangraba profusamente por sus heridas, su rostro estaba desfigurado, tenía fracturas en sus huesos, sus pulmones colapsados con retención de líquidos, tenía shock hipovolémico, con baja presión arterial, dificultad para respirar, deshidratado, lo cual le causaba tener mucha sed. Y a pesar de la poca fuerza que tenía, dijo a gran voz:

—Padre, en tus manos encomiendo mi espíritu.

Y expiró. En ese momento muchos pudieron pensar que su muerte fue una evidencia de debilidad, fracaso derrota e impotencia. Pero para nosotros, los creyentes, la muerte de Jesús cambió la historia de la humanidad. Fue una demostración contundente de amor, autoridad, victoria, éxito, control absoluto y una gran respuesta.

¿CUÁL ERA EL PANORAMA A LOS PIES DE LA CRUZ?

María, la madre de Jesús, presenció la pérdida de su hijo, y con mucho dolor en su corazón tuvo que recordar y reconocer el propósito por el cual había sido enviado. El Padre desde el cielo le recordaba:

«Este es mi hijo amado, en quien tengo complacencia.»
Mateo 3:17 RV1960

El centurión y algunos de los soldados romanos reconocieron que Jesús era el Hijo de Dios. Los religiosos tuvieron que reconocer la gran verdad que Jesús había predicado durante todo su ministerio. Los discípulos por primera vez se sintieron que estaban solos y desamparados. A los pies de la cruz quedaba la evidencia del cumplimiento. Jesús se entregó como una ofrenda de amor, por ti, por mí y por toda la humanidad, ocupó el lugar que nos correspondía a nosotros, demostrando Su incomparable amor.

> «Todo está cumplido! Entonces inclinó la cabeza y entregó su espíritu.» Juan 19: 30 NTV

A LOS PIES DE LA CRUZ

1. **Es lugar de entrega**

Jesús entregó su vida en la cruz diciendo: «En tus manos encomiendo mi espíritu». A los pies de la cruz somos testigos de una entrega sin igual y amor desmedido que tiene el poder de cambiar el rumbo de nuestras vidas. Sanar es una decisión personal y totalmente voluntaria, solamente tú puedes tomar la decisión de entregar esa pesada carga. Para poder volar, tienes que soltar, tienes que entregar.

2. **Es lugar de reconocimiento**

El centurión reconoció que Jesús era el Hijo de Dios, los soldados romanos, los religiosos y aun el ladrón que estaba a su lado en la cruz reconoció quién era el que estaba en la cruz. Para reconocerlo tuvieron que ser confrontados con una gran verdad que no podían ver por sí mismos.

3. **Es lugar de cumplimiento**

En la cruz se muestra la prueba más grande de amor por ti y por mí: lo entregó todo por amor. Él pagó el precio y la deuda quedó salda.

«Pues Dios amó tanto al mundo que dio a su único Hijo, para que todo el que crea en él no se pierda, sino que tenga vida eterna.» Juan 3:16 NTV

4. Lugar de inicio y nuevo nacimiento

Cuando una mujer está embarazada, antes de dar a luz y tener a su bebé, rompe la fuente y de su cuerpo sale agua y sangre. A Jesús le traspasaron un costado y salió agua y sangre. Anunció que algo nuevo comenzaba; a los pies de la cruz es lugar de nuevos inicios, de nuevas temporadas. A los pies de la cruz podemos venir tal y como somos porque Él nos acepta con nuestras virtudes y defectos. Es el lugar de entregar tu pasado, tus heridas, tu dolor, todo lo que te ha estado deteniendo en el camino, tu pesada carga, los problemas no resueltos y tu familia. A los pies de la cruz se disipan las tinieblas, brilla el sol de justicia para alumbrar nuestro camino. Hay soplo de aliento de vida sobre nosotros y nuestras generaciones, se establece el orden y nos enfocamos, gobierna su autoridad. Recibimos sanidad, transformación y somos libres. A los pies de la cruz, es el lugar de entrega porque para volar tienes que soltar.

ORACIÓN

Señor, te entrego a mi niña interior la cual ha estado muy herida. Me acerco a los pies de la cruz para soltar todo el dolor emocional y para que sanes las heridas que un día recibí. Te entrego mi vida y mi corazón. Reconozco que solo Tú puedes cambiar el rumbo de mi vida. Hoy decido comenzar una nueva vida en ti. Suelto mi dolor y mi pasado para disfrutar la libertad que un día me regalaste en la cruz. Amén.

PARA REFLEXIONAR

¿Has sentido que tu vida está estancada?

¿Sientes que te falta algo en tu vida, te sientes incompleta?

¿Cuál fue ese evento de tu niñez que puedes recordar con dolor?

¿Quiénes fueron las personas que lo causaron?

¿Cuáles son esos sentimientos y emociones que sientes dentro de ti al recordarlo?

Te invito a venir a los pies de la cruz y soltar todo tu dolor para sanar.

CAPÍTULO 2
NO LLORES MÁS:
DERRIBA TU TRISTEZA

«El Señor está cerca de los que tienen quebrantado el corazón; él rescata a los de espíritu destrozado.»
Salmos 34:18 NTV

En el año 2020 el mundo fue sorprendido por una gran pandemia, el coronavirus o la COVID-19. De ahí en adelante el mundo entero comenzó a cambiar vertiginosamente, de manera tal que cambió el curso de nuestra vida para siempre. Soy enfermera y trabajo en un hospital en el área de geriatría y rehabilitación, y pude palpar muy de cerca todo lo acontecido en ese tiempo hasta el día de hoy. Para nosotros los profesionales de la salud que tuvimos que enfrentarnos ante este gran Goliat, nuestra vida nunca será igual, porque fuimos testigos oculares de lo que ocurrió tras bastidores. Una de las cosas que más me impactó fue ver la pérdida masiva de tantas personas alrededor del mundo y luego el gran aislamiento del cual todos fuimos partícipes. Este evento tan significativo ha dejado grandes secuelas en las personas y lo vemos manifestado en las emociones y la conducta en el diario vivir.

Hoy quiero hablarte de una de esas emociones que floreció a consecuencia de la pandemia: la tristeza. Una de las razones por las cuales tenemos la necesidad de recibir sanidad interior en el alma es por la manifestación de la tristeza y sus implicaciones. Considero que muchas personas ya sentían tristeza desde antes de la pandemia, pero esta se exacerbó a consecuencia de todos los eventos que causó a nivel mundial.

Muchas personas han pasado por experiencias buenas y positivas, pero han adoptado la tristeza como un estilo de vida.

Conozco a una persona que a pesar de tener su familia, sus hijos, su trabajo y aparentemente todo lo que necesita, siempre está muy triste. Lamenta haber tomado malas decisiones en el pasado, y a pesar de ser una mujer muy brillante y luchadora, la sombra de la culpa la acompaña cada día. En su semblante se denota tristeza, siempre camina cabizbaja, la gran mayoría de las veces al hablar sus ojos están llenos de lágrimas y ha perdido su hermosa sonrisa. No sé por las situaciones que hayas pasado, pero puede ser que la tristeza también sea parte de tu vida. Es de vital importancia que derribes esa tristeza que tienes alojada como un gran huésped en tu interior. En ocasiones, es como cuando alguien toca el timbre de nuestra puerta y recibimos una visita inesperada; le abrimos la puerta, lo invitamos a pasar y a que se sienta cómodo. Nos sentimos tan a gusto que no sabemos cómo salir de nuestra zona de comodidad y hasta se nos olvida que tenemos un visitante inesperado alojado en nuestro interior. Me imagino que ha habido ocasiones en la cual te has sentido así y hasta has dicho: «Hoy me siento triste», pero ¿realmente sabes lo que significa, los síntomas y sus implicaciones?

Según un estudio realizado por el Centro para el Control y la Prevención de Enfermedades (CDC), el problema de la tristeza se agudizó durante la pandemia y los hispanos son el grupo que prevalece principalmente esta condición. Estos datos fueron recopilados en una encuesta realizada a mil personas, entre los meses de abril y mayo del 2020.

DEFINICIÓN DE LA TRISTEZA

La tristeza es un sentimiento negativo causado por eventos no placenteros. Esto a su vez provoca un estado de ánimo desfavorable y tiene diferentes manifestaciones, como por ejemplo: llanto, desánimo, pesimismo, melancolía, insatisfacción personal, desconsuelo y no poder pensar con claridad.

POSIBLES CAUSAS

La tristeza puede tener varias causas que pueden ser comunes o no; pero esta no debe mantener a la persona en una tristeza continua por el resto de su vida. Como por ejemplo: el diagnóstico de una enfermedad crónica, pérdida del empleo, problemas familiares, bancarrota, inestabilidad en el núcleo familiar, pérdida de una mascota, situación migratoria, toma de decisiones, divorcio o separación de su pareja, mudanza lejos de la familia o insatisfacción personal por mencionar algunos. En una ocasión tuve la oportunidad de dirigir un programa de pacientes con enfermedades terminales en la comunidad por diez años. Este programa me ayudó a comprender el manejo del paciente en etapa terminal y el de su familia en momentos de crisis y el manejo de la tristeza, antes, durante y después del proceso de pérdida. Cuando una persona recibe un diagnóstico médico catastrófico o terminal, desde ese momento comienza el proceso de pérdida tanto para el paciente como para su familia. Es muy importante conocer sus etapas, sus implicaciones y manejar la tristeza de forma adecuada.

En mi experiencia trabajando a nivel profesional, en la comunidad y en la iglesia he interactuado con varias familias las cuales han tenido que superar un estado de tristeza profunda. Como, por ejemplo: puede haber una persona a la cual se le muere alguno de sus padres y esta puede guardar luto por un año. Pero hay personas que no pueden superar esa pérdida y deciden guardar luto y vestir de negro por el resto de su vida. Aquí es bien importante identificar que la persona necesita ayuda para que pueda derribar esa gran muralla llamada tristeza. En otras ocasiones, cuando hay un divorcio, algunas personas entran en una etapa de tristeza y desconsuelo emocional y muchas veces se les hace muy difícil recuperarse de esa pérdida que han sufrido y se les dificulta reintegrarse nuevamente a sus labores cotidianas. En ambas situaciones ocurre un proceso de pérdida, pero de forma diferente.

En el proceso de duelo o de pérdida se puede experimentar varios eventos significativos: ausencia, abandono, muerte o algún tipo de pérdida. Llorar y sentirse triste es válido, no es un signo de debilidad ni de vergüenza, por el contrario, es parte de un proceso. Se presentan sentimientos de tristeza, nostalgia y de impotencia, los cuales pueden perdurar por algunas semanas. Es importante comprender que esto es solo una etapa pero que llega el momento que hay que soltarla y derribarla para poder seguir hacia adelante de lo contrario se convertirá en una depresión.

DIFERENTES TIPOS DE REACCIONES ANTE UNA PÉRDIDA

1. **Negación:** Negar o evadir la realidad pensando que todo puede ser un error o una equivocación. Se presenta una gran dificultad para asimilar o creer lo que se está viviendo. Se genera un bloqueo hacia la realidad y se pretende demostrar a los demás que nada está mal y que todo va bien.

2. **Ira:** En esta etapa se presenta el enojo y el coraje, y esta conducta puede manifestarse como una reacción en contra de la persona que se ha ido, contra su familia o las personas que tiene a su alrededor. Se piensa que todo ha sido una injusticia y aquí es cuando viene la gran pregunta: «¿Por qué me tiene que suceder esto a mí?»

3. **Negociación:** Se procesa una gran carga emocional y vienen muchas ideas para tratar de asimilar los hechos. Algunas de ellas pueden ser: «Si lo hubiera llevado al médico, tal vez se hubiera salvado», «Si le hubiera dicho a tiempo, él no se hubiera enfadado y no se habría marchado». La persona puede transitar por un momento de culpa y remordimiento.

4. **Depresión:** Es cuando la persona sabe que su situación está llegando al final y surgen sentimientos de tristeza y de agotamiento. En muchas ocasiones puede haber un cierto tipo de aislamiento.

5. **Resignación:** Aquí llega la resignación y se acepta la situación poco a poco, esto no ocurre de la noche a la mañana. Como por ejemplo, la aceptación de la muerte de un ser querido.

Estas reacciones no ocurren en este orden, la persona puede navegar por ellas y puede haber una regresión entre una reacción y otra. Como también algunas personas se pueden quedar estancadas en alguna de ellas por un tiempo antes de llegar a la resignación.

Si la persona permanece en tristeza —por cualquiera que sea la causa— por el resto de su vida, esta es una señal de que no es libre. Cuando no se decide soltar, el dolor puede convertirte en una persona triste y esta a su vez te puede llevar a la amargura. Hay que soltar las heridas y el dolor del pasado para derribar esa tristeza, y aquí es cuando hay que hacer un cierre emocional. De lo contrario pueden crecer raíces de amargura que se convierten en un verdadero obstáculo para vivir el presente y no poder disfrutar del futuro. No permitas que una raíz de amargura se aloje en tu ser porque te haces daño a ti y a las personas que tienes a tu alrededor. Hablaremos más de esto en un próximo capítulo. No puedes continuar caminando por la vida cargando tus heridas, una traición, el abandono, el maltrato, el rechazo o alguna clase de pérdida. Hay que ponerle fin a una etapa de la vida para poder comenzar de nuevo, y esto nos ayuda a crecer. Es mejor perdonar y dejar ir lo que pasó; para ser libre tienes que dejar ir, tienes que soltar para volar y experimentar una plena libertad y felicidad.

LA TRISTEZA Y LOS DIFERENTES GRADOS DE INTENSIDAD

Leve o pasajera: Puede durar horas o de uno a dos días, esta termina cuando la causa que lo ocasiona desaparece y la persona puede retomar a su estilo de vida.

Tristeza profunda: Esta puede persistir por varios días, semanas o años, a su vez puede llevar al desarrollo de un problema más complejo como la depresión. De ser así, la persona necesita intervención profesional.

¿QUÉ SUCEDE EN NUESTRO CUERPO?

1. La tristeza afecta nuestro cuerpo y el cerebro, esto hace que nuestro organismo requiera más glucosa. De aquí viene esa sensación de comer dulces y especialmente chocolates.
2. Puedes sentir el pecho apretado y falta de aire debido a que el cuerpo requiere más oxigenación porque se respira más rápido.
3. El cuerpo requiere más energía y esto a su vez nos hace sentir cansancio.
4. Se altera el metabolismo y puedes experimentar falta de apetito o por el contrario sentir mucha hambre.
5. Afecta nuestro proceso de pensamiento porque al pensar más, hay más gasto de energía, lo cual requiere más glucosa.

¿QUÉ SUCEDE EN NUESTRAS EMOCIONES?

Estamos tan acostumbradas a llevar un ritmo de vida tan acelerado que muchas veces hacemos las cosas y actuamos sin darnos cuenta. Es importante detenernos y pensar o analizar cómo nos sentimos. La gran mayoría de las veces dejamos pasar las cosas y esto hace que haya una gran sobrecarga a nivel emocional.

Busca un lugar tranquilo y medita, porque hay que identificar la causa u origen de la tristeza. Cuando una persona está en tristeza profunda, muchas veces no puede reconocer su condición ni la intensidad del impacto, es como un gran secreto a voces, el cual otras personas lo pueden identificar, pero la persona que lo sufre en ocasiones no. Aquí es cuando se necesita intervención a nivel profesional.

SÍNTOMAS OCULTOS DE LA TRISTEZA

El mal humor, enfados, ira y la furia a menudo se convierten en el gran disfraz de la tristeza. Son como una válvula de escape para canalizar su expresión. Se da cuando la persona responde con una conducta explosiva y con gritos, y luego no puede explicar por qué actuó de esa manera. En ocasiones muchas personas responden con cierto asombro porque ni ellos mismos saben la razón de su comportamiento. Cuando no somos capaces de poner la mirada en nuestro interior, la tristeza encontrará detonantes y la respuesta será de frustración, impotencia y furia. La tristeza también puede manifestarse con síntomas físicos tales como: cansancio severo, dolor muscular, insomnio, falta de apetito, debilidad y mayor sensibilidad; también pueden presentarse síntomas psicosomáticos.

QUÍTATE LA MÁSCARA

La tristeza es una emoción que habla a través de nuestras emociones, nuestra conducta y salud. Cuando nos sentimos vulnerables, nos sentimos frágiles e indefensas, y como mecanismo de defensa intentamos esconder cómo nos sentimos para no demostrar a otras personas nuestras debilidades. Para nosotras es importante la percepción que otras personas tienen de nosotras y creo que vivimos cuidando ese aspecto de nuestra vida. En mi experiencia trabajando con el ministerio de mujeres y en consejería pastoral me he encontrado con diversas situaciones. En una ocasión había una joven que tenía mucho enojo y conductas explosivas, se le había olvidado hablar y solo se comunicaba a través de gritos y siempre estaba malhumorada. En sus momentos de furia tiraba las cosas y las rompía, y en ocasiones golpeaba a las personas. Pero ella había vivido toda su vida guardando un gran secreto y era que había sido violada cuando era niña por su padrastro, y cuando se lo dijo a su mamá, ella no le creyó. Esta joven estaba cargando una tristeza profunda por años que la había tenido estancada; pero un día decidió buscar ayuda para superar ese evento significativo que la había marcado. Hay personas que han pasado por un divorcio o una separación y pasan mucho tiempo lamentándose de lo que le sucedió en el pasado y no pueden salir de ahí. Se han acostumbrado a su pasado, a su historia, a su pena y a su tristeza. Es como si estuvieran viviendo en una cárcel y se sienten tan cómodos que la adornan, pero no se dan cuenta de que esa cárcel tiene la puerta abierta.

La persona que sufre una tristeza profunda en ocasiones, aunque no siempre es así, evita salir de su condición porque se ha acostumbrado a utilizar mecanismos de defensa y ha aprendido a ser víctima. Como consecuencia, recibe ayuda de otras personas y esto puede convertirse en cierto tipo de manipulación de su situación. Sus historias están llenas de argumentos que hacen ver a otras personas que no hay una salida o solución para ellas. Hoy te invito a quitarte la máscara de la tristeza, que dejes de ser una víctima y te conviertas en una gran protagonista. Este es un tiempo para que te armes de valor y asumas responsabilidades, dejes tus miedos y tus inseguridades a un lado. La situación difícil que te ha causado tanta tristeza será transformada en una gran bendición. Hay que tener en cuenta que las cosas negativas que nos suceden, Dios puede transformarlas en algo positivo que será de gran bendición a tu vida y de las personas que te rodean.

QUÉ DICE LA BIBLIA

En la versión Reina Valera 1960, Salmos 34:18 dice: «Cercano está Jehová a los quebrantados de corazón; y salva a los contritos de espíritu». La traducción para la palabra hebrea contrito puede significar: colapsar, completamente triturado, machacado, deteriorado o quebrantado. Cuando hay una tristeza profunda la persona se puede sentir de esta manera, como vemos en la definición anterior. Esto me hace recordar lo siguiente: para disfrutar del aceite de oliva, la aceituna tiene que pasar por un proceso, y esta tiene que ser triturada, machacada y colapsada. En la antigüedad utilizaban un molino de piedra con el objetivo de romper los tejidos y liberar el aceite. Este proceso conllevaba el ejercer una gran presión para así poder obtener un resultado de alta calidad.

Hoy tengo buenas noticias para ti, quizá has pasado por experiencias que te hayan triturado, machacado y te hayan llevado a sumergirte en una gran tristeza que se levanta como una gran muralla que te impide ver lo que hay del otro lado y de disfrutar de una vida plena, abundante y llena de una gran libertad la cual un día se nos fue entregada. Pero este no es tu final. Por el contrario, leer este libro es una señal de esperanza y de un nuevo tiempo en tu vida. Dios ha venido en tu auxilio a ayudarte. Él ha visto tus lágrimas y ha escuchado tu oración y hoy viene a tu rescate. Hoy tus ojos espirituales se abren en una dimensión diferente para derribar esa gran muralla y experimentes la sanidad interior que te permitirá ver lo que antes no podías ver a simple vista. No permitas que las piedras que te lanzaron te destruyan, por el contrario, detente, sécate las lágrimas, reflexiona, aprende, crece y edifica con ellas porque eres una mujer con un gran propósito y naciste para ser libre.

HISTORIA DE UNA MUJER EN TRISTEZA PROFUNDA

En 1 Samuel 1:1-20 se narra la siguiente historia: Ana era una mujer que estaba casada con un hombre llamado Elcana, quien tenía dos esposas, y aquí había una gran situación familiar. Penina, la otra esposa, tenía hijos, pero Ana no. Pero Elcana amaba a Ana a pesar de que ella no había podido quedar embarazada. Penina la irritaba, la humillaba y se burlaba de ella por no tener hijos. Esto hacía que Ana viviera bajo un sentimiento de tristeza, lloraba y tenía pérdida de apetito. Su esposo Elcana se percató de la condición de Ana y la confrontó y le preguntó el motivo de su conducta. Esta mujer tomó la decisión de acercarse a Dios, y luego de ser confrontada por su esposo, se fue al templo y con amargura lloró abundantemente. En su oración decidió abrir su corazón y expresó todo lo que sentía en su interior, en llanto dijo que era una mujer atribulada de espíritu. Le pidió a Dios en oración concebir un hijo, y al tiempo quedó embarazada y tuvo un hijo al cual llamó Samuel.

Me llama mucho la atención el verso 16: «Porque por la magnitud de mis congojas y de mi aflicción he hablado hasta ahora.» (RV 1960)

Esta mujer cargaba una tristeza profunda por muchos años, se había acostumbado a llorar y a sufrir en silencio. La humillación a la cual fue sometida la hizo tener una baja autoestima. No tan solo era señalada por Penina sino también por la sociedad. Al no tener hijos no podía tener una descendencia e iba a ser una carga; me imagino que muchos religiosos se estarían preguntando cuál habría sido su pecado o el de sus padres para haber recibido tal castigo. Su tristeza había trascendido a otro nivel pues pasó de ser una simple tristeza a una profunda: depresión, y esta la llevó a la amargura. Se sentía una mujer triste, rechazada, incompleta, llena de frustración y crecieron raíces de amargura en su interior. Pero a pesar de su condición, no ventiló o exteriorizó todo lo que sentía. Cuando fue al templo a orar, se acercó a Dios en oración y en su corazón finalmente reconoció la situación por la cual estaba atravesando, y allí encontró el consuelo que tanto necesitaba. Esta mujer tomó la decisión de acercarse a Dios y abrir su corazón. Hizo un alto en su vida y todo eso que ella tenía guardado dentro de ella, su gran secreto, lo llevó a los pies de la cruz. Esta mujer decidió soltar todo ese peso y esa carga emocional que había llevado por años; pero sobre todo decidió derribar su gran tristeza. Se dio cuenta de que había algo más para ella, y decidió soltar su tristeza para volar y experimentar una libertad plena en Dios. A los pies de la cruz esta mujer pudo recibir el consuelo, la sanidad y la libertad que necesitaba. Te invito a hacer un alto y a reflexionar en esos eventos significativos que te han causado una herida y una tristeza profunda que hasta el día de hoy no has podido superar. Hoy es día de venir a los pies de la cruz con un corazón sincero y entregar esa tristeza. Derriba esa gran muralla que te ha tenido estancada y paralizada sin saber qué hacer. Cuando derribes y remuevas esa gran muralla podrás darte cuenta de que aún hay esperanza y que tienes un gran futuro delante de ti con un propósito maravilloso.

En el Sermón del Monte, Jesús declaró unas palabras muy poderosas: «Dios bendice a los que lloran, porque serán consolados.» Mateo 5:4 NTV

ORACIÓN

Señor, hoy decido acercarme a ti a los pies de la cruz a entregarte esa tristeza profunda que ha estado alojada en mi como un gran huésped. Derriba esa gran muralla la cual no me ha permitido ver ni experimentar las grandes bendiciones que tienes para mí. Devuélveme la sonrisa que un día perdí, quiero experimentar la verdadera libertad. Suelto mi tristeza para volar alto y sentir el gozo que solamente tu puedes dar, amén.

PARA REFLEXIONAR

¿Has pasado por algún evento de pérdida significativa?

¿Cuáles son los sentimientos que experimentas en la actualidad?

¿Cuánto tiempo llevas en esa situación?

¿Por qué sigues cargando con esa tristeza?

¿Has buscado algún tipo de ayuda?

CAPÍTULO 3
MANEJO DE CRISIS: VIOLENCIA DOMÉSTICA

«Me empujaron con violencia para que cayera,
pero el SEÑOR me ayudó.»
Salmos 118:13 NVI

A pesar de que estamos en el año 2023, algunas personas siguen considerando el tema como tabú y otros ya no desean escuchar ni leer del asunto porque las mujeres piensan que han recibido la información suficiente. Pero la gran interrogante es: ¿Por qué los casos de violencia doméstica han ido en aumento a pesar de toda la orientación y recursos disponibles? Creo que aún hay mucho desconocimiento, y por otra parte, hay víctimas que no saben cómo salir de su situación porque el temor y la vergüenza se ha apoderado de ellas de manera tal que las paraliza. Es como si estuvieran adormecidas en una gran pesadilla de la cual no pueden escapar tan fácilmente. Han perdido totalmente su confianza porque la persona que más amaban la traicionó. La boca que un día la besó cálidamente ahora solo grita, las manos que la acariciaban con ternura ahora la lastiman, los ojos tiernos ahora imparten miedo con sus miradas de odio. Lo que antes era llamado un hogar y una familia se ha convertido en un gran infierno intolerable del cual quisieran salir corriendo y nunca regresar.

Las familias hoy día están siendo impactadas por la violencia intrafamiliar, y lo más triste es que muchos de ellos no pueden reconocer que es violencia, mientras que otros no lo pueden aceptar porque para ellos significa una gran debilidad. Muchas personas no están dispuestas a aceptar sus faltas y mucho menos aceptar que necesitan ayuda. La percepción que otras personas puedan tener de ellos ante la sociedad es de mucho valor, aunque su corazón esté roto, herido y en profunda angustia. Como profesional de la salud tengo que tomar cursos de educación continua de violencia doméstica cada dos años, y en el seminario bíblico tomé un curso completo de violencia doméstica y manejo de crisis. En mi área laboral tengo la responsabilidad de identificar casos de violencia doméstica, realizar un estimado de salud completo, recopilar data y evidencia para reportar el caso a las autoridades. En el área clínica, nosotros somos los que recibimos las víctimas, y en la gran mayoría de los casos ellas no dicen que su problema de salud está relacionado a problemas de violencia doméstica, como por ejemplo: los golpes, las heridas, ataques de pánico y depresión severa. Sin embargo, debido a la preparación que recibimos tenemos las herramientas para poder identificar los casos. Luego de esto procedemos a hacer preguntas directas de una forma que la persona no se sienta intimidada y que decida buscar ayuda, sobre todo mantenemos la confidencialidad y protegemos a la persona para comenzar con el procedimiento establecido. Una vez que se haya identificado que es un caso de violencia se maneja de forma confidencial y se protege a la víctima.

Como profesional de la salud he podido identificar muchos casos de niños que han llegado a la sala de emergencia con moretones, traumas en la piel que parecen mordeduras, fracturas, quemaduras de cigarros, golpes, deshidratados por la falta de comida, agua y serias condiciones de la piel por no haber tenido un cambio de pañal en días. En adultos: golpes, hemorragias de heridas, ojos con la esclera con sangre, aumento de presión ocular, fracturas, áreas en su cabeza sin cabello, por mencionar algunas. Otros casos de violencia ocurren en un adulto mayor cuando no recibe su aseo personal ni sus medicamentos diariamente y esto ocasiona exacerbación en sus condiciones de salud y complicaciones en la piel. En otros casos, muchos ancianos son hospitalizados por alguna condición de salud y les da pánico tener que regresar nuevamente a su casa.

Otros son abandonados por sus familiares y hay que removerlos de su hogar y buscarles un hogar sustituto. Esta situación no solamente es entre parejas, incluye madres, padres, hijos y familias extendidas que viven en un ambiente disfuncional. Entre estos se consideran a miembros de una familia, emparentadas por medio sanguíneo o matrimonios, convivencia consensual, parejas separadas o divorciadas. Personas que viven bajo un mismo techo, casa o apartamento, personas con un hijo en común o personas que tengan problemas físicos o mentales los cuales dependan de un asistente personal.

ESTADÍSTICAS SOBRE LA VIOLENCIA DOMÉSTICA

Según la ONU Mujeres, la violencia contra la mujer ha aumentado de manera significativa en los últimos años. Los datos están disponibles en su página web: unwomen.org
- A nivel global, se estima que una de cada tres ha experimentado alguna vez violencia física o sexual por parte de su pareja íntima o por alguien que no es su pareja, el 30 % de las mujeres tiene quince años o más.
- La mayor parte de la violencia contra las mujeres es perpetrada por sus maridos o parejas íntimas o ex parejas. El 26 % de las mujeres tiene quince años o más.
- Una de cada cuatro adolescentes de quince a diecinueve años, el 24 %, ha experimentado violencia física o sexual por parte de su pareja.
- En 2018, se estimaba que una de cada siete mujeres había experimentado violencia física y/o sexual por parte de su pareja en los últimos doce meses. El 13 % de las mujeres de quince a 49 años. Estas cifras no reflejan el impacto en la pandemia de COVID-19.
- A nivel global, alrededor de 81,000 mujeres y niñas fueron asesinadas en el 2020; 47,000 de ellas, es decir el 58 %, a manos de sus parejas o familiares. Esto equivale a una muerte cada 11 minutos.
- Menos del 40 % de las mujeres que han experimentado

violencia buscan algún tipo de ayuda. La violencia doméstica ha demostrado que la familia está enfrentando una crisis y es un gran problema que ha ido en aumento con el pasar de los años, y creo que aún hay mucho más por hacer. Esto ocurre a puerta cerrada en diferentes lugares alrededor de nuestra nación.

Al escribir este capítulo, busqué en la línea Nacional de Violencia Domestica en español y encontré el siguiente comunicado:

EN ESTE MOMENTO ESTAMOS EXPERIMENTANDO UN INUSUAL VOLUMEN DE LLAMADAS Y COMUNICACIÓN POR CHAT. EL TIEMPO DE ESPERA APROXIMADO SERÁ DE QUINCE MINUTOS. ESTAMOS DISPONIBLES 24/7 Y LES PEDIMOS DISCULPAS POR EL TIEMPO DE ESPERA.

Creo que quince minutos de espera es suficiente como para que una persona que está sufriendo activamente un episodio de abuso pueda perder la vida. Esta es una evidencia contundente del aumento de casos en nuestra nación y por tal razón debemos continuar orientando a la población sobre este tema. Esto es responsabilidad de todos.

¿QUÉ ES VIOLENCIA DOMÉSTICA?

Según la línea de Nacional de Violencia Doméstica en español, se define como:

Abuso de pareja o relación abusiva es un patrón de comportamiento utilizado por una persona para mantener el poder y el control sobre su pareja en una relación. Esta también incluye una relación entre parejas, hijos o envejecientes. La violencia doméstica no discrimina. Personas de cualquier raza, edad, género, sexualidad, religión, nivel de escolaridad o situación económica pueden ser víctimas (o perpetradores) de violencia doméstica. Esto incluye conductas que causan daño físico, intimidan, manipulan o controlan a una pareja, o que de otro modo la obligan a comportarse de ciertas maneras, incluso a través de violencia física, amenazas, abuso emocional o control financiero. Por lo general, hay múltiples formas de abuso presentes al mismo tiempo dentro de una relación abusiva.

UNA HISTORIA REAL

En una ocasión conocí a una mujer profesional y su esposo trabajaba en construcción. Tenían una casa, un hijo, ambos iban a la iglesia, tenían muchas amistades y viajaban por todo el mundo. A simple vista eran una familia feliz y muy exitosa; pero cuando se cerraba la puerta de su casa, la historia era totalmente diferente. Ella era la que pagaba todas las deudas de su casa, su esposo trabajaba y nunca aportaba económicamente en su hogar, ella nunca supo en qué su esposo gastaba su salario. Él comenzó a quejarse de su trabajo y renunció, y se quedaba en su casa por días al no tener un trabajo estable, haciendo que emocionalmente la carga para esta mujer fuera más intensa. Al ir al supermercado, él buscaba todas las cosas que le gustaba comer y al momento de pagar siempre se le quedaba su billetera en la casa. Los fines de semana su esposo le decía que trabajaba y luego ella se enteraba que ese era su tiempo con sus amigos en la playa e ir a pescar. Mientras ella trabajaba de turno sábados, domingos y feriados para sustentar a su familia.

Ella tenía una baja autoestima y él le decía que nunca nadie la iba a amar como él, que se tenía que conformar con ese estilo de vida. Ella le decía que se fuera de la casa porque ya no podía más y ahí fue que comenzó el infierno: gritos, empujones, humillaciones, golpes y amenazas. Como si fuera poco, el esposo le decía a su hijo:

—Tu mamá quiere que me vaya de aquí porque quiere

separarnos, ella es mala. Si me voy de la casa, es mejor que te vengas a vivir conmigo. La familia de esta mujer vivía a varias horas de distancia y su esposo no le permitía frecuentarlos ni tener contacto con sus amistades. En ocasiones especiales cuando le dejaba visitarlos siempre era por un corto período de tiempo pues la excusa era que no le gustaba esa ciudad y tenían que pasar tiempo también con su familia porque ellos eran más importantes.

La esposa quería denunciarlo, pero él tenía mucha influencia con las autoridades policiacas y no quería que la separaran de su hijo. Ella siempre escondió esta situación de su familia pues tenía mucha vergüenza, temor y verdaderamente no sabía qué hacer. Hubo muchos momentos en la cual pensó quitarse la vida, pero al pensar en el sufrimiento que le causaría a su madre, no lo hizo. En su desesperación comenzó a asistir a una iglesia, a un grupo de mujeres y a varios retiros de sanidad interior. Esto fue para ella como un gran refugio ante la turbulencia de su vida. Un día esta mujer decidió recopilar evidencia de su situación, se armó de valor y acudió a las autoridades y radicó una querella de violencia doméstica. El estado en el cual vivía le otorgó una orden de protección a ella y a su hijo y también obtuvo la custodia permanente. Cuando se habla de este tema, la mayoría de las veces solo se contempla la violencia física, pero la realidad es que esto va mucho más allá. Hay ocasiones en la cual la violencia doméstica se manifiesta de una forma muy sutil por parte del agresor de manera tal, que a simple vista la víctima no lo puede identificar y piensa que tiene una relación normal.

Así como esta pareja, hay muchas familias pasando por situaciones similares. Estos pueden ser personas de tu familia, compañeros de trabajo, en la iglesia, tus vecinos, los papás de los amigos de tus hijos o quizás a ti te está sucediendo y te has mantenido en silencio, esperando a que llegue el momento indicado para poder tomar acción. Si eres una víctima de abuso o violencia, por favor reflexiona al leer esta información y busca ayuda, el tiempo ha llegado.

TIPOS DE ABUSO O DE VIOLENCIA DOMÉSTICA

La gran mayoría de las personas cuando se habla de violencia doméstica lo primero que viene a su mente son golpes y es importante establecer que hay varios tipos de abuso que en ocasiones a simple vista pueden verse inofensivos. A continuación, voy a mencionar diferentes tipos de abuso y algunos ejemplos para que puedas tener una imagen clara de lo que implica.

Físico: Jalones de cabello, golpes, bofetadas, patadas, estrangular, asfixiar, apretar con fuerza, gritos, lanzar objetos, impedir que la persona tome sus medicamentos para una condición de salud, golpear a una mujer embarazada.

Sexual: Caricias no aceptadas por la pareja, tener relaciones sexuales por la fuerza, utilizar la asfixia en el acto sexual, lastimar a la pareja utilizando objetos sexuales. Cuando luego de agredir a la pareja quiere tener sexo para manipular una reconciliación. Obligar a la pareja a demostrarle su amor de lo contrario amenaza con la infidelidad.

Social: Aisla a la persona, prohíbe que tenga amistades, la comunicación con los familiares, no le permite asistir a eventos sociales, impide que trabaje fuera de la casa y que salga sola. Tiene que reportar cuando sale, a qué lugar va y cuánto tiempo se va a demorar, al regresar tiene que dar un reporte detallado de todo lo que hizo.

Económica: Controlar el dinero de su pareja, fiscaliza todos sus gastos y amenaza que la va a dejar sin dinero. Cuando la pareja trabaja se apropia de su dinero sutilmente y no da explicación. Le quita su tarjeta de débito y cambia la contraseña.

En muchas ocasiones dice que su tarjeta está extraviada. Tiene una cuenta de banco secreta donde su pareja no tenga acceso, negarse a trabajar o buscar excusas para quedarse en la casa, no contribuir financieramente en el hogar.

Espiritual: Criticar y burlarse de sus creencias de fe, no le permite ir a la iglesia, utilizar creencias religiosas para justificar su abuso como, por ejemplo: La mujer tiene que someterse al marido y tiene que ser sumisa. Acusar de tener relación sentimental con alguna persona de la iglesia o con el pastor.

Daño a la propiedad: Destruir muebles, paredes, puertas, objetos sentimentales o de valor para su pareja como ropa, zapatos, fotos, auto para evitar que salga, romper libros, Biblia, documentos de identificación como pasaporte o credenciales de su pareja.

Cibernética: Violar la privacidad de cuentas electrónicas, exigirle contraseñas, rastrear su navegación en línea, leer sus correos electrónicos, invadir sus conversaciones en línea, enviar mensajes o correos como si fuera su pareja. Restringir el uso de las redes sociales o enviar mensajes. Examinar su teléfono, utilizar GPS para rastrear a su pareja (no por razones de seguridad), utilizar un perfil falso en las redes sociales.

Emocional y verbal: Burlas, críticas, celos constantes, posesivo, control, gritos, humillación, controlar su forma de vestir, amenazas, culparle de que usted provoca su comportamiento agresivo, acusar de infidelidad, decirle que nunca encontrará otra pareja como él o ella.

Asecho y acoso: Aparecer en la casa o en el trabajo sin previo aviso, enviar mensajes de texto, mensajes de voz o correos electrónicos con mensajes no deseados. Enviar flores o comprar regalos luego de un acto violento. Acuerdos con amistades para que le informe de los actos de su pareja, contactar a un investigador privado para monitorear sus movimientos.

Bajo efectos de alcohol y otras sustancias: Escuchar frases como las siguientes:

- «Yo estaba borracho, no lo decía en serio.»
- «Sobrio nunca haría eso.»
- «Ese no soy yo, el alcohol me transforma en una persona diferente.»

CARACTERÍSTICAS DEL AGRESOR

La personalidad del agresor comienza a formarse desde su niñez, en su hogar, con sus figuras afectivas. En ocasiones su niñez se desarrolló en un ambiente de violencia, recibiendo abuso físico y verbal o siendo testigo de algún tipo de abuso sexual, como consecuencia en su crecimiento y desarrollo adquieren esos patrones como mecanismo de defensa. La persona tiene una baja autoestima y necesita sentirse superior para satisfacer una carencia que no pudo obtener en su niñez. Tiene poco control de sí mismo y desarrolla una conducta explosiva, la cual repercute en actos violentos. También rehúsa el tomar responsabilidades por su inseguridad. El agresor necesita justificar sus acciones para liberarse del sentido de culpa, aquí es cuando hay un desplazamiento de culpa en contra de su víctima.

CARACTERÍSTICAS DE LA VÍCTIMA

Es muy común que la víctima piense que es la responsable del abuso, porque su responsabilidad es el evitar conflictos para que todo marche bien. Posee una baja autoestima y puede sentirse fracasada como mujer y madre. Se culpa por la situación que está viviendo, siente temor, pánico y coraje con ella misma. Tiene sentimientos encontrados, odia ser agredida, pero piensa que quizá lo merecía. Es codependiente de su pareja y piensa:

«Me golpea, pero me ama», y por tal razón está determinada a pensar que un día va a cambiar, que esta situación no será para siempre.

MITOS Y REALIDADES

- **Todos los agresores son iguales**

Muchos agresores comparten las mismas características, pero entre estos puede haber diferentes clases de personas, profesionales, clases sociales, edades y géneros.

- **Con el tiempo las agresiones cesan por sí solas**

Las agresiones físicas pueden disminuir, pero casi ningún agresor abandona el abuso emocional. En otras ocasiones el abuso aumenta y sigue escalando a mayores proporciones.

- **Las mujeres que aguantan una situación de violencia doméstica siguen ahí porque les gusta**

La gran mayoría de las veces tienen mucho temor, ansiedad, depresión, ausencia de recursos. Muchas idealizan a la pareja y piensan que la relación un día va a mejorar. El pánico las paraliza y no saben que hacer ni como salir de esa situación.

- **En los hogares cristianos no sucede**

La violencia doméstica puede suceder en cualquier hogar sin importar si van o no a una congregación. En la actualidad hay muchas personas que asisten a la iglesia y están pasando por esta terrible situación familiar y optan por recibir consejería pastoral como recurso terapéutico.

HISTORIA DE UNA MUJER QUE SUFRE VIOLENCIA FAMILIAR

En 2 Samuel 13: 1-13 hay una historia muy interesante que nos narra lo que le sucedió a una mujer. Tamar era una mujer muy hermosa y virgen, su medio hermano Amnón se enamoró perdidamente de ella. Él comenzó a desarrollar una conducta obsesiva y enfermiza por ella. Amnón tenía un primo muy astuto llamado Jonadab, y entre ambos crearon un plan. Su primo le sugirió que se fuera a su cama y fingiera que estaba enfermo, y cuando su padre viniera a verlo que le pidiera que Tamar le preparara algo de comer y le diera de comer con sus manos. Su padre lo visitó y estuvo de acuerdo.

Tamar fue y le preparó su comida favorita, pero cuando le llevó la comida en una bandeja, Amnón se negó a comer y les dijo a sus sirvientes que salieran todos de la propiedad. Le pidió a Tamar que le diera de comer, pero cuando ella comenzó a hacerlo, le agarró e insistió que se acostara con él. Tamar se negó, le imploró que no lo hiciera, que eso era un acto de perversidad y ella tendría que cargar con la vergüenza y él con su culpa. Pero a pesar de todo, por la fuerza la violó y luego de esto le dijo que se fuera. A pesar de sus súplicas, no quiso escucharla, entonces llamó a su sirviente y le ordenó que la echara. Al salir, ella rasgó su túnica, puso ceniza en su cabeza y se fue llorando. Su hermano se enteró de lo sucedido, le dijo que no lo divulgara y que se quedara callada. Aquí podemos ver que la violencia doméstica puede ocurrir entre diferentes miembros de la familia. Este joven desarrolló una conducta obsesiva, compulsiva y enfermiza, esta situación lo llevó a buscar aliados y crear un plan para cumplir su cometido. Su comportamiento lo llevó a mentir y fingir que estaba enfermo, para cometer un acto de violencia por la fuerza como lo es una violación. Sin embargo, la vida de esta mujer quedó marcada para siempre, destrozada emocionalmente, con vergüenza y con una gran tristeza.

SANIDAD LUEGO DE LA VIOLENCIA

La violencia doméstica deja secuelas muy profundas en las personas que sobreviven a esta crisis familiar. Algunas de las secuelas que puedes presentar pueden incluir: depresión, ansiedad, inseguridad, temor, falta de confianza, soledad, tristeza, amargura, falta de perdón, síndrome postraumático, entre otros. Muchas personas piensan que al terminar la violencia todo se termina, por el contrario, aquí es cuando hay que comenzar a reconstruir con los escombros que han quedado para levantar un nuevo fundamento. Es tiempo de edificar en tu mente, tus emociones, acciones y en la modificación de tu conducta.

Si eres una víctima o una sobreviviente de violencia tengo buenas noticias para ti, hoy Dios te entrega una nueva oportunidad en la vida para que seas completamente restaurada.

El beneficio de sanar es que Dios te restaura, te levanta y te da una segunda oportunidad en la vida. Esto es bien importante para que puedas continuar tu camino a pesar de las adversidades que has podido enfrentar. Es como cuando el boxeador está en el cuadrilátero en la esquina recibiendo golpes, pero llega el momento en el que llega ese segundo aire que le hace imparable y puede enfrentarse con mucha más fuerza y con más seguridad para lograr su cometido. Al recibir sanidad interior aprendes a conocerte mejor a ti misma, tus heridas son sanadas, encuentras respuesta, tus pensamientos son restaurados, tu vida es transformada en una dimensión diferente, te llenas de fe, abundante paz, Dios te imparte nuevas fuerzas, recibes libertad y podrás entender que ese no es tu final, que no morirás, sino que vivirás.

No sanar es muy peligroso y es una decisión que solo tú puedes tomar. Te puede llevar a vivir una vida de tristeza, amargura, soledad, con un temor constante, insomnio, ansiedad, depresión y puedes desarrollar disturbios físicos y emocionales. Emocionalmente puedes desarrollar problemas relacionales porque puedes herir a personas significativas inconscientemente al tratar de cobrar la deuda afectiva que tienes con la persona equivocada. De acuerdo con tu herida y a su intensidad, puedes herir a las personas a tu alrededor: es una forma inconsciente de venganza. Todos estos eventos pueden borrar tu hermosa sonrisa para siempre. Sin embargo, aún estás a tiempo de buscar ayuda profesional. Eres importante para Dios porque fuiste creada con un gran propósito.

ROMPE EL CICLO

Con el paso del tiempo violencia doméstica se vuelve más frecuente y con grandes consecuencias las cuales pueden incluir: depresión, ansiedad, consumo de drogas, alcohol e ideas suicidas. Lo primero que tienes que hacer es decidir salir de este ciclo de violencia y tomar varias precauciones.

A ti que eres líder en la iglesia, en la comunidad o eres una persona que le gusta ayudar a los demás, aquí te proveo una guía para que puedas tener una idea de como manejar este tipo de casos. Llevo algún tiempo trabajando con estos casos y estas son algunas recomendaciones basadas en mi experiencia, hay que tener en consideración que todas las personas y todos los casos son diferentes; puedes llamar a la línea de ayuda disponible 24/7 y buscar ayuda profesional.

1. **Crea un plan de seguridad:** Llama a la línea de ayuda de violencia para pedir asesoramiento. Realiza la llamada cuando el abusador no esté cerca o desde un lugar seguro.

2. **Prepara un bolso de emergencia:** Incluye artículos de primera necesidad, documentos importantes, dinero, medicamentos y déjalo en un lugar seguro.

3. Planifica a dónde irás y cómo llegarás.

4. **Protege tu comunicación:** Recuerda que tu abusador podría utilizar la tecnología para descubrir tu plan rastreando las llamadas, textos, mensajes electrónicos y monitorear tu ubicación con el GPS.

5. Cambia tus contraseñas con frecuencia.

6. Limpia tu historial de visitas de tu navegador para borrar el registro de los lugares que hayas visitado en Internet.

7. En caso de emergencia llama al 911.

8. Llama a la Línea Nacional de Violencia Domestica en Español 24/7: 1-800-799-7233, la llamada es gratis y totalmente confidencial. Si no hablas inglés no tengas temor, hay traductores en diferentes idiomas. Tienen ayuda especial para personas con problemas auditivos.
Por texto: START 88788
En línea: español.thehotline.org

9. Acude con un familiar o una amiga o busca ayuda en la iglesia de tu comunidad o en la estación de policía más cercana.

10. Acude al hospital o centro de salud más cercano, el personal médico está capacitado para ayudarte.

LLAMADO A LA ACCIÓN

Si eres una víctima, por favor, busca ayuda, no permitas que el temor te paralice. Acércate a Dios para que puedas poner todos tus pensamientos en orden y actuar. Él te va a impartir las fuerzas que necesitas para salir hacia adelante. No te quedes llorando, sécate las lágrimas porque es tiempo de actuar. Si vives en Estados Unidos, aquí hay muchos recursos disponibles para ti y tus hijos. Conozco muchas personas que se intimidan por su estatus legal, pero quiero que sepas que esto no es un impedimento para que puedas recibir ayuda. Si eres un líder en tu iglesia o en la comunidad, es importante que recibas un entrenamiento para que aprendas a identificar los casos y manejarlos adecuadamente. En una ocasión teníamos una mujer que asistía a la iglesia y comenzamos a notar que tenía muchos moretones en su cuerpo, y ella acostumbraba a utilizar ropa de manga larga para cubrirse. Ella por temor nos dijo que estaba enferma, pero su conducta nos decía que había algo más. Hasta que un día llegó con golpes es su cara y no lo pudo ocultar más. Ella nos dijo que su esposo le impedía asistir a la iglesia y cada vez que llegaba a su casa de un servicio, él le pegaba para prevenir que continuara asistiendo. La mujer otorgó consentimiento a la iglesia para poder reportar el caso a las autoridades. ¿Crees que como líder tienes la preparación adecuada para manejar una situación como esta?

En otra ocasión teníamos un adolescente muy retraído, aislado, tenía el pelo largo y siempre se cubría su rostro. En pleno verano utilizaba ropa de invierno y eso nos llamó mucho la atención. El joven le dijo a su maestro de escuela dominical que era abusado por su padrastro y por sus primos. Si hubieras sido el maestro de escuela dominical, ¿cómo crees que hubieras reaccionado y actuado?

Es de vital importancia que todas las personas puedan recibir una orientación adecuada y con un recurso que tenga las cualificaciones para impartir este tipo de charlas. En las iglesias y en la comunidad los líderes deben estar capacitados para identificar un posible abuso y saber qué hacer y a dónde acudir. En la medida que el liderazgo reciba capacitación en esta área, se sentirán más seguros para proteger a la víctima y referir estos casos a las agencias correspondientes. Crea un directorio de agencias de servicios sociales y mantenlo actualizado para que lo tengas disponible en casos de emergencia. Recuerda que debes mantener estricta confidencialidad. La violencia doméstica y el abuso es un caso de vida o muerte, no te hagas de la vista larga, es tiempo de preparase y actuar.

Para finalizar, quiero enfatizar que si estás pasando por esta crisis familiar de violencia doméstica, ha llegado el momento de buscar ayuda profesional para ti y para tus hijos.

ORACIÓN

Señor, ayúdame en esta situación tan difícil donde he sido empujada con violencia, donde mi estima ha caído en gran manera. Ten misericordia de mí y ayúdame a armarme de valor y accionar sabiamente. Vengo ante ti porque reconozco que tú estás conmigo en los momentos más oscuros de mi vida. Necesito tu protección, guía y claridad. Gracias, Dios, amén.

PARA REFLEXIONAR

¿Crees que estás viviendo en un ambiente de abuso o violencia?

¿Qué tipo de abuso has experimentado?

¿Desde hace cuánto tiempo viene ocurriendo?

¿Has buscado ayuda o sientes temor de solo pensarlo?

Si en el pasado pasaste por violencia doméstica, ¿crees que has sanado?

¿Conoces a alguna persona que esté pasando por violencia doméstica o abuso?

¿Sabes qué hacer para ayudar a este tipo de personas?

¿Has recibido algún tipo de entrenamiento?

Información que necesitas
Ayuda 24 horas los 7 días a la semana: 911
Línea Nacional de Violencia Doméstica: 800-799-723
https://www.thehotline.org

CAPÍTULO 4
UNA EMOCIÓN DESTRUCTIVA: LA AMARGURA

«Cuídense unos a otros, para que ninguno de ustedes deje de recibir la gracia de Dios. Tengan cuidado de que no brote ninguna raíz venenosa de amargura, la cual los trastorne a ustedes y envenene a muchos.»
Hebreos 12:15 NTV

Me imagino que al leer el título de este capítulo te resultó un tema bastante fuerte, confrontador y hasta un poco difícil de digerir porque nadie quiere verse identificada como una persona amargada. Para ser honesta, a mí también me resulta igual, pero contiene una realidad muy reveladora de la cual tenemos mucho que aprender. Mi intención es ayudar a muchas personas a descubrir lo que sucede en su interior, identificar la raíz de tal manera que puedan trabajar con sus emociones y suelten todo lo que las detiene y que sanen para experimentar una libertad plena. Es mi interés que tú también puedas ser una mujer transformada y que un día puedas decir: «¡Soy libre!»

En Hebreos 12:15 nos habla de una raíz, y para que haya una raíz, hubo primero una semilla que fue sembrada. También el terreno debió haber estado en óptimas condiciones, para que esta pudiera germinar y desarrollarse. A su vez necesitó ser cuidada y alimentada para que no muriera y se desarrollara. También nos alerta a que tengamos mucho cuidado y que estemos vigilantes de esas cosas que crecen en nuestro interior que nos pueden dañar y poner nuestra vida en peligro. También dice que es venenosa, quiere decir que no solamente le hace daño al que la porta sino a las personas que tiene a su alrededor. Es destructiva, contamina y se propaga de manera tal que tiene el poder de trastornar y de hacerle daño a otras personas. Esta emoción destructiva de la amargura comienza de una forma muy simple, y es con una ofensa. La ofensa ocurre y esta comienza a distorsionar la forma en que la persona ve y percibe las cosas porque piensa que ha sido tratada injustamente. Nos exhorta a cuidarnos los unos a otros y por tal razón pretendo desarrollar este tema de una forma muy responsable para que tú misma puedas identificar que hay en tu corazón y lo que se aloja en él. En una ocasión conocí a una persona la cual se había casado con la gran ilusión de tener una familia. Ella y su esposo eran profesionales, se compraron una casa, pero el hijo que tanto anhelaban nunca llegó. Ambos fueron sometidos a rigurosos exámenes médicos y al final descubrieron que no había ninguna razón fisiológica por la que no pudieran concebir. Pasaron quince años y aún permanecían sin poder tener una familia; el esposo se refugió en el alcohol y ella se convirtió en una persona muy perfeccionista, explosiva, demandante y le gustaba humillar y ridiculizar a los demás. En una ocasión la escuché decir que estaba enojada con Dios por no haberle dado la oportunidad de ser madre. Ambos desarrollaron una amargura que los llevó a destruirse a ellos mismos y el uno al otro.

En otra ocasión estuve dialogando con una persona que me dijo que era víctima de violencia doméstica por parte de su esposo desde hace muchos años y que lo había ocultado toda su vida porque ambos eran líderes de su iglesia. El maltrato era físico, emocional, económico y espiritual, pero no se atrevía dialogar con su pastor por la vergüenza y el qué dirán. Ella había optado por seguir ocultando su situación y un día se fue de la iglesia sin mediar palabra y muy enojada, nunca se acercó a sus pastores en busca de ayuda. Simplemente desapareció del panorama y parece ser que de pronto brotó una raíz de amargura que los envenenó a ellos mismos. Cada uno de nosotros pasamos por diferentes situaciones y hay personas que nos pueden ofender de diferentes formas, como por ejemplo: por un malentendido, un problema matrimonial, con algún familiar, con tus hijos, en tu trabajo, con alguna de tus amigas, lo cual resulta en una situación intensa. Es importante conocer cómo puede surgir esta emoción destructiva, lo que significa, los síntomas, sus implicaciones y cómo manejarla.

¿QUÉ ES LA AMARGURA?

La amargura proviene de una palabra que significa punzar, es tan afilada su punta que lacera lo más profundo del corazón. Y el corazón es el asiento de nuestras emociones, por tal razón es que muchas personas utilizan la expresión: «corazón roto o herido». En muchas ocasiones la amargura es el resultado de un resentimiento causado por una ofensa, ya sea real o imaginaria, y al no poder perdonar se convierte en ira, dolor y odio. Este odio se convierte en amargura, su corazón y su alma se afligen de manera tal que esta le roba la paz y la felicidad a la persona. La amargura es la suma de heridas, rechazos, resentimientos, frustraciones y dolor.

SÍNTOMAS DE LA AMARGURA

Las personas que han desarrollado amargura pueden presentar los siguientes síntomas: siempre está criticando, quejándose, siente mucho coraje, son volátiles, ofensivos, con baja autoestima, les gusta hacer sentir mal a los demás. Siente negativismo, dureza, severidad, rencor, odio, entre otras.

La ofensa llena el corazón de la persona y afecta sus sentimientos, pensamientos y acciones, transformándola en una persona sin paz, infeliz y atormentada por eventos del pasado. Aquí es cuando podemos decir que mediante una ofensa una semilla fue sembrada y con el tiempo se convierte en una raíz de amargura, la cual tiene que ser exterminada mediante la sanidad interior. La persona no se da cuenta de los daños que puede estar causando a los demás con sus palabras, acciones y actitudes. ¿Conoces a alguna persona así?

LOS SÍNTOMAS SE PUEDEN REFLEJAR EN EL ÁREA FÍSICA, EMOCIONAL Y ESPIRITUAL

1. **Síntomas físicos:** Presión arterial alta, desórdenes estomacales, problemas intestinales, insomnio, diabetes y asma. Alguna de estas condiciones se pueden desarrollar como enfermedades psicosomáticas sin tener una causa fisiológica.
2. **Síntomas emocionales:** Inseguridad, ansiedad, preocupación excesiva, depresión, temor, baja autoestima, ataques de pánico y negativismo.
3. **Síntomas espirituales:** Pérdida de fe, no puede conocer su propósito, falta de compromiso en su comunidad de fe, pereza espiritual y a la persona se le hace difícil confiar en Dios.

IMPLICACIONES DE LA AMARGURA

La amargura no sucede automáticamente cuando alguien te ofende, recuerda que es como una semilla que fue sembrada y va creciendo poco a poco. Y al igual que a una planta, se le ha ido acondicionando el terreno, con ideas, pensamientos y actitudes, de manera tal que va creciendo, fortaleciéndose y echando raíces. Pero hay que tener mucho cuidado porque también puede dar frutos. Este el resultado de sentimientos que han sido heridos muy profundamente y por tal razón es muy difícil exterminarla. El ofendido considera que la culpa fue de la otra persona. Has escuchado a alguien decir, o quizá tú misma hayas dicho: «No tuve la culpa, él/ella tiene que venir y pedirme disculpas, yo no he hecho nada». Aquí es cuando la persona comienza a verse como una víctima, porque el ofendido considera que la ofensa es culpa de la otra persona. Hay algo muy importante a considerar y es que la forma la cual nosotros reaccionamos, actuamos y las cosas que podemos decir es nuestra responsabilidad. El ofendido va a querer probar ante otros que él/ella tienen la razón y va a buscar aliados para que trabajen como reforzadores positivos. El objetivo es el escucharlos decir: «Tú tienes la razón, no tienes la culpa, mira lo que han hecho, no mereces esto». En realidad, cuando se buscan allegados lo que la persona amargada desea es probarle a los demás que está teniendo la reacción apropiada ante la aparente falta de justicia. Y busca aprobación para justificarse.

EL ENOJO

¿Te acuerdas cuando te mencioné que había que acondicionar el terreno para que la semilla germinara? Una de esas emociones que hacen el terreno fértil para que la amargura se desarrolle es el enojo. Principalmente esa es la primera reacción que tenemos cuando ocurre una ofensa ya sea real o no. Sí, irreal porque en ocasiones solo hay un malentendido que no se clarificó en el momento o es cuestión de una percepción errónea. Cuando una persona está enojada por mucho tiempo el terreno sigue haciéndose más fértil porque la persona se llena de resentimiento.

CONSECUENCIAS DE LA AMARGURA

1. Produce problemas físicos: Cuando hay enojo y resentimiento no se puede dormir bien, pensando y repasando los eventos ocurridos. El insomnio se apodera de la persona de manera tal que hay una película del evento en su mente la cual pasa una y otra vez. Al próximo día la persona se siente muy agotada y si padece de otras condiciones físicas estas se pueden exacerbar.

2. Es un veneno: La persona que padece la amargura siempre va a buscar aliados para probar que tiene la razón y que hubo una injusticia. Hebreos 12:15 nos advierte que la raíz venenosa de la amargura, puede trastornar y envenenar a otras personas porque es contagiosa. La persona ofendida no puede estar sola, necesita a otras personas a su alrededor para tener ayuda para su justificación, necesita apoyo, nunca está sola, necesita gente a su alrededor.

3. **Causa ceguera:** La amargura quita nuestra mirada de Dios. Es como si la vista estuviera nublada, no puede ver con claridad lo que tiene por delante. Su condición no le permite el poder enfocarse y por tal razón muchas veces no puede encontrar la salida. Es como si estuviera dentro de un laberinto sin salida, buscando ayuda en personas y lugares equivocados y se aleja de Dios.

4. **Falta de percepción:** La persona amargada tiene su propio estilo de vida y toma sus decisiones, ve y percibe las cosas de manera diferente porque lo mira a través de la herida que recibió. Su forma de evaluar y juzgar es mediante el filtro de sus emociones heridas y esto hace que pierda la percepción de la realidad. La toma de decisiones está basado a sus sentimientos y emociones.

5. **Deseos de venganza:** La persona trata de buscar alivio a todo lo que está sintiendo y piensa que la venganza es la gran solución a su problema. Porque se imagina que todos están en su contra y puede desarrollar síntomas de Paranoia lo cual es el desarrollo de ideas fijas u obsesivas y necesita defenderse de sus adversarios, aunque estos sean imaginarios.

CÓMO MANEJAR LA AMARGURA

En mi trayectoria trabajando con mujeres en la iglesia, en la comunidad, como líder, en consejería pastoral y profesional de la salud he descubierto que estos pasos son de mucha utilidad y ayudan a las personas a trabajar con su interior, reconocer la raíz de su problema y entrar en un proceso de sanidad y modificación de conducta. Así logran grandes cambios en su vida personal, emocional, relacional con su familia y las personas que las rodean.

TE INVITO A QUE LUEGO DE LEER CADA PASO HAGAS UN ALTO PARA REFLEXIONAR

Primer paso: Para manejar la amargura tienes que reconocer que estás teniendo una emoción que te está destruyendo poco a poco, y que te estás haciendo daño a ti misma y a tu relación con las personas que te rodean. Puede ser que a través de esta lectura hayas podido identificar que esta emoción está dentro de ti. Reconozco que esto es un poco confrontador, pero es necesario para que puedas sanar tu interior. La amargura es como una tener una venda o catarata en los ojos, no les permite ver con claridad y lo poco que pueden ver casi siempre está distorsionado y muy lejos de la realidad.

Segundo paso: Desahógate, busca consejería pastoral o ayuda profesional para que puedas ventilar todas las emociones y sentimientos que tienes dentro de ti, los cuales se han acumulado y muchas veces te sientes como una bomba de tiempo que va a explotar en cualquier momento. Pero lo más difícil es que puedes hacerlo con la persona equivocada y pasarle factura a una persona que no tuvo nada que ver con la ofensa.

Tercer paso: Trata de recordar ese evento que te ofendió tanto y la persona clave de la situación. Hay ocasiones que las personas no pueden recordar eventos significativos del pasado porque sienten dolor y deciden bloquear su dolor y por tal manera no pueden recordar. Tienes que ir a ese sótano oscuro donde tienes el baúl de tus recuerdos y abrirlo para que puedas obtener sanidad.

Cuarto paso: Perdónate a ti misma porque en la gran mayoría de las ocasiones el enfoque principal es el ofensor y no se tiene conciencia del daño que te has causado. Es el momento de reconocer tu falta, tus acciones y tu pecado y es tiempo de confesar. El arrepentimiento es la clave principal para acercarte a Dios. Él solo está esperando por ti con sus brazos abiertos.

Quinto paso: Perdona a tu ofensor, aquí es importante reconocer a quién tienes que perdonar. El perdón te libera de culpa y libera a esa persona que has tenido encarcelada, ábrele la puerta para que sea libre. El perdón marca un punto final, el cierre de un ciclo, marca un cierre emocional.

SUELTA LA AMARGURA

El proceso de soltar la amargura implica reconocer que hubo una ofensa que creció, echó raíces y se fortaleció y con el pasar del tiempo de manera tal que se convirtió en una emoción destructiva. Es como cuando sembramos una semilla en el patio de nuestra casa y poco a poco va creciendo un árbol y con el pasar de los años, sus raíces son tan grandes y fuertes que va destruyendo la cimiente de la casa y de todo lo que tiene a su alrededor y hace daños estructurales irreparables. Lo mismo sucede en las personas, ocasiona daño a las personas que conviven contigo y todos los que están a tu alrededor.

La amargura provoca un gran peso en nuestro interior, una gran molestia e incomodidad; pero sobre todo una actitud explosiva que te hace mantenerte a la expectativa porque no sabes cuándo vas a explotar. Es saber que tenemos un asunto pendiente con nosotras mismas, que hay algo inconcluso el cual tenemos que arreglar. Este proceso implica perdonar a la persona que te ofendió, aunque la persona nunca admita que te hizo daño o haya fallecido. Pero en el proceso de soltar también implica que tienes que liberarte de la culpa y la carga emocional que has venido cargando durante tanto tiempo. Es abrir una gran puerta que había estado cerrada la cual te conducirá a la libertad plena que tanto has anhelado.

Este proceso no quiere decir que vas a olvidar todo lo sucedido, porque esto es imposible. Hay un dicho muy popular que dice: «Perdono, pero no olvido», y en mi opinión creo que es una realidad. Tú y yo podemos perdonar, pero no olvidaremos el evento y sus implicaciones. Nuestra mente registra todos los eventos de nuestra vida y los guarda, los almacena, así como el disco duro de nuestra computadora. Por tal razón el evento viene a tu memoria una y otra vez como un reforzador para el resentimiento. La gran diferencia está cuando perdonas con todo tu corazón y sueltas la amargura y el resentimiento, puedes recordar lo sucedido, pero no te causa dolor. Esa es la señal de que has podido soltar todo lo que te tenía estancada y detenida.

Soltar la amargura traerá grandes beneficios a tu vida, tales como paz, restauración, salud y libertad. Este proceso lo puedes hacer con la ayuda de un consejero, un pastor o un profesional. El proceso de soltar es dejar ir para ser libre, es extender tus alas y poder volar para remontarte a las alturas.

Nosotros tenemos el ejemplo más grande de perdón en la historia de la humanidad en la vida de Jesús. Lucas 23:34 NTV dice:

«Jesús dijo: Padre, perdónalos, porque no saben lo que hacen.»

Jesús también fue partícipe de la ofensa, la traición, la mentira, el rechazo, el maltrato físico y emocional, la injusticia y la burla. En el momento de más vulnerabilidad se acercó a Dios y lo reconoció como Padre de toda verdad y justicia, reconoció que era solamente a través de Él que podía mediar el perdón. Él, en su forma de hombre, necesitaba el poder otorgar el perdón a una ofensa, necesitaba soltar. Pero en la cruz reconoció que sus ofensores no sabían quién realmente Él era ni lo que le habían hecho.

Soltar la amargura es hacer un cierre emocional, para marcar el punto final y tener un antes y un después.

o   Esto hará que tu conciencia esté tranquila. Hebreos 13:18 NTV: «Oren por nosotros, pues tenemos la conciencia limpia y deseamos comportarnos con integridad en todo lo que hacemos».
o   Podrás tomar decisiones sabias. Proverbios 2:11 NTV: «Las decisiones sabias te protegerán; el entendimiento te mantendrá a salvo».
o   Experimentarás la verdadera paz que viene de Dios. Filipenses 4:7 NTV: «Así experimentarán la paz de Dios, que supera todo lo que podamos entender. La paz de Dios cuidará su corazón y su mente mientras vivan en Cristo Jesús».
o   Experimentarás en perdón de Dios. Marcos 11:25 NTV: «Cuando estén orando, primero perdonen a todo aquel contra quien guarden rencor, para que su Padre que está en el cielo también les perdone a ustedes sus pecados».
o   Podrás disfrutar de relaciones restauradas. Proverbios 17:9 NTV: «Cuando se perdona una falta, el amor florece, pero mantenerla presente separa a los amigos íntimos».
o   Conciliarás el sueño y dormirás placenteramente. Proverbios 3:24 NTV: «Puedes irte a dormir sin miedo, te acostarás y dormirás profundamente».

HISTORIA DE UNA MUJER CON AMARGURA

En la Biblia, en el libro de Rut, hay una historia muy conmovedora que nos muestra con claridad la vida de una mujer que se llenó de amargura y ella misma lo reconoció. Su nombre era Noemí. Esta mujer estuvo casada con Elimelec y al cabo de un tiempo él murió; sus dos hijos se casaron, pero al cabo de diez años ellos también fallecieron. Noemí se quedó con sus dos nueras y emprendieron una travesía a su tierra natal; pero en el camino ella les pidió a ambas que se regresen con sus madres y su familia. Sus nueras rehusaron irse y continuaron su marcha. Durante el camino, Noemí siguió insistiendo para tratar de convencerlas y les dijo que ella ya estaba vieja para tener marido y no podía tener más hijos para que se casaran con ellas. En Rut 1:13 (NTV), esta mujer hace una expresión la cual revela lo que realmente había en su corazón:

«La situación es mucho más amarga para mí que para ustedes, porque el Señor mismo ha levantado su puño contra mí».

Esta mujer entendía que Dios había sido el causante de la pérdida de su esposo, de sus dos hijos y de su condición actual; y esta situación la había llenado de amargura. Noemí se sentía ofendida por Dios de manera tal que estaba convencida de que Él la estaba castigando. En el camino, Orfa, una de sus nueras, decidió irse con su familia y Rut se quedó con ella y continuaron su marcha hacia Belén.

Al llegar a su ciudad muchos se conmovieron al verla y se preguntaban:

—¿No es esta Noemí?

Como hemos visto en este capítulo, la amargura acarrea serias consecuencias en la vida de las personas y aquí es muy evidente. Me imagino que su semblante ya no era el mismo y quizá había perdido su sonrisa. En Rut 1:20-21 (NTV), ella respondió:

«No me llamen Noemí, más bien llámenme, Mara, porque el Todopoderoso me ha hecho la vida muy amarga. Me fui llena, pero el Señor me ha traído vacía a casa. ¿Por qué llamarme Noemí cuando el Señor me ha hecho sufrir y el Todopoderoso ha enviado semejante tragedia sobre mí?»

Esta mujer culpaba a Dios por sus aflicciones y sufrimientos, creía firmemente que Él se había vuelto en contra de ella. Ella misma se etiquetó como una persona amargada y hasta se cambió el nombre. Esa era su percepción y su forma de pensar, podemos ver claramente que ella decidió no soltar la amargura y decidió que esta fuera su compañera.

Pero estoy segura de que tú eres una mujer diferente y que a través de esta lectura has podido ver con claridad y has entendido que hay emociones dañinas y destructivas que tienes que soltar. Si no sueltas la amargura, no podrás experimentar una libertad plena en Cristo. El Espíritu Santo te redarguye para que puedas identificar eso que esté alojado dentro de ti. En Juan 8:32 dice:

«Y conoceréis la verdad, y la verdad os hará libres».

Hoy has conocido una gran verdad, y te invito a que seas libre, así como lo dijo Jesús.

ORACIÓN

Señor, hoy puedo reconocer que la amargura ha sido un huésped y ha estado destruyendo mi vida y las personas a mi alrededor. Decido soltar toda mi amargura y todo mi dolor, reconozco que necesito soltar esta carga tan pesada. Perdóname y ayúdame a perdonarme a mí misma y a la persona que me ofendió. Reconozco que solo a través de ti encuentro perdón, paz, descanso y el reposo que mi alma necesita. Decido soltar, para volar y ser verdaderamente libre, amén.

PARA REFLEXIONAR

Te invito a pensar y tratar de recordar algún evento en la cual te hayan ofendido. ¿Cuál fue el evento y quién fue esa persona?

¿Qué emociones y sentimientos comenzaste a sentir luego de ese incidente?

¿Has perdonado a tu ofensor?

¿Crees que te perdonaste a ti misma?

¿Aceptaste el perdón de Dios?

Visita mi página para proveerte información y ayuda adicional: evelynperales.com

CAPÍTULO 5
UN VISITANTE INESPERADO: LA SOLEDAD

«He aquí que yo hago cosa nueva; pronto saldrá a luz; ¿no la conoceréis? Otra vez abriré camino en el desierto, y ríos en la soledad.» Isaías 43:19 RV1960

Hay una frase muy popular que mucha gente la utiliza para referirse a la soledad y es: «La soledad duele». La gran mayoría de las veces cuando pensamos en la soledad, lo primero que se viene a nuestra mente son las personas mayores. Pero ellas no son las únicas que pueden vivir o experimentar la soledad, esto le puede suceder a cualquier persona. Quizá puedes pensar que eres extrovertida e independiente, con una familia y muchas amigas, y por eso la soledad está muy lejos de tu casa en este momento. Y que si la ves merodeando por los alrededores, sabes cómo mantenerla lejos. Quiero acordarte que en el año 2020, ese visitante inesperado tocó a la puerta del mundo entero cuando llegó la pandemia de la COVID-19. Y todos pudimos experimentar la soledad en diferentes grados de intensidad. Llegó y se quedó con nosotros por un tiempo considerable y de forma inesperada. De este evento mundial pudimos aprender que la soledad tiene efectos negativos y positivos; por eso es de suma importancia el poder reconocer cuando la soledad está afectando nuestra salud, el proceso de pensamiento, las emociones, sentimientos y la conducta, para buscar ayuda.

En el año 2008 recibí una llamada que cambió mi vida. Sabía que ese día algún día llegaría, pero en realidad no estaba preparada para enfrentar esa situación. Estaba trabajando y de pronto recibí una llamada de un familiar para dejarme saber que mi abuela materna, Mami, había fallecido. Comencé a llorar sin importar que estuviera en mi trabajo, rodeada de mis compañeros de trabajo. Sentí un dolor tan fuerte en mi corazón, que era como si me estuvieran traspasando una lanza. Recuerdo que le hablé a mi esposo para que hiciera los arreglos de nuestro viaje a Puerto Rico, pues honestamente, por primera vez no podía poner mis pensamientos en orden ni tomar decisiones. Luego del sepelio regresamos a la casa y comencé a sentir algo que nunca había experimentado, al llegar a mi hogar me encontré con una visita inesperada: la soledad. Pero esta no vino sola, estaba muy bien acompañada vino con el sentimiento de tristeza, abandono y orfandad. Para mí todo esto era algo nuevo, pues nunca había pasado por una experiencia así. Era como si hubiese entrado sola al desierto y no sabía qué hacer.

Durante algún tiempo estuve batallando con recuerdos, sentimientos y emociones que me perturbaban, pues me sentía como una niña indefensa a la cual no tenía dónde acudir. Los días y las noches de desvelo parecían interminables y una tristeza profunda se apoderó de mí. Mi mamá, mi gran amiga, mi gran compañera en la travesía de mi vida, el regalo que Dios me dio al nacer, mi todo, se había ido de esta tierra, pero sé que un día nos volveremos a ver en las mansiones celestiales. Ella era una mujer humilde, con un gran corazón, la cual le gustaba servir a los demás; una mujer de fe, de oración, una gran guerrera, una adoradora incansable y amante de la lectura. Su alegría y su risa contagiosa llenaban nuestras reuniones familiares y todos los lugares donde ella estaba. De pronto comenzaron a surgir varias preguntas en mi interior: «¿Cómo podré vivir sin ella? Cuando tenga una situación difícil, ¿a quién le pediré consejo, a quién voy a acudir?» Si has experimentado la pérdida de algunos de tus padres, un hijo o un ser muy querido, creo que puedes identificarte con mi historia y entiendes lo que quiero decir. Durante esa temporada no asistía a la iglesia, iba al trabajo, pero cuando regresaba a mi casa me sumergía en mi soledad y mi tristeza. Un día estaba reflexionando sobre mi vida y todo lo que estaba sucediendo y tomé la decisión de buscar ayuda, porque si yo no le ponía fin a ese estilo de vida, nadie lo iba a hacer por mí. Busqué una iglesia, comencé a congregarme y a asistir a sesiones de consejería semanal con una psicóloga. Otro de los cambios que hice fue integrarme al grupo de mujeres el cual se reunía dos veces al mes. Luego de hacer todos estos ajustes en mi vida pude comprender que yo sola no iba a salir de esa situación y que necesitaba acercarme a Dios y creer y confiar en sus promesas. Una de esas promesas fue:

> «Pues todo lo puedo hacer por medio de Cristo, quien me da fuerzas.» Filipenses 4:13 NTV

Hoy tengo que testificar que la soledad, la tristeza profunda y el sentimiento de abandono quedaron en el pasado y ya no me acompañan. Decidí soltarlos para volar. Hoy con mi historia quiero ayudar a muchas personas a poder comprender que la soledad puede ser una temporada transitoria en la vida, pero depende de cómo manejes la situación. En mi primer libro, Soy una mujer llamada propósito, cuento la historia de mi vida y la razón por la cual digo que mi abuela fue un gran regalo que Dios me dio al nacer. Así podrás comprender mejor por qué este gran sentimiento de soledad se apoderó de mí. No todos los procesos de duelo incluyen el manejo de la soledad porque cada persona y cada situación es totalmente diferente.

¿QUÉ ES LA SOLEDAD?

Según el diccionario de la Real Academia Española, la soledad es la carencia voluntaria o involuntaria de compañía. Hay pesar y melancolía por la ausencia, muerte o pérdida de alguien o algo. Es un estado de ánimo, una emoción provocada por sentimientos de separación de otras personas. Cada persona puede percibir la soledad de forma diferente y las razones pueden ser diversas. Para unos puede ser algo positivo y de lo cual se puede tomar mucha ventaja, pero por el contrario para otros, la soledad puede ser devastadora. Me gustaría que pudieras reflexionar en la siguiente premisa: No es lo mismo estar sola, que sentirse sola. Creo que esta es una muy buena pregunta para que puedas comenzar a pensar y analizar este tema. ¿Qué opinas?

Estar sola implica no estar rodeada de personas o el carecer de compañía, por el contrario, hay quienes están rodeadas de gente y sienten una soledad abrumadora. Este tema de la soledad puede ser un poco subjetivo porque para algunos puede implicar desolación, tristeza, sentimiento de abandono, incertidumbre, y temor. Mientras que, por otro lado, para otras personas la soledad es tener su propio espacio para estar con él o ella misma, para conocerse mejor, para desarrollar sus proyectos, para mimarse un poco y hacer las cosas que les gusta, lo que le hace sentir bien. Cada persona puede tener su propia interpretación de lo que para ellos significa la soledad.

LA PRIMERA SOLEDAD

En el libro de Génesis, en la creación, al inicio del capítulo 1 dice que la tierra estaba desordenada y vacía, y Dios estableció un orden desde la creación del mundo. Luego que Dios creó al hombre; en Génesis 2:18 NTV dice:

«No es bueno que el hombre esté solo».

Desde este momento podemos comprender que la soledad no iba a significar lo mismo para todo el mundo, y por tal razón decidió crear a la mujer. También podemos ver que Dios tenía grandes planes para la humanidad aun desde la fundación del mundo. Cuando un bebé está en el vientre, en su crecimiento y desarrollo está conectado a su madre por el cordón umbilical, su medioambiente es de oscuridad y está rodeado de sonidos. Puede escuchar los ruidos de los órganos internos de su madre, su voz cuando habla y puede sentir sus emociones y sentimientos. Pero a pesar de estar conectado a ella, él se encuentra solo en su medioambiente y es la primera vez que el ser humano experimenta la soledad en su vida. Puede percibir cosas que están ocurriendo en él y a su alrededor, pero no puede entender. Este proceso lo prepara para una gran transición en su vida, el proceso de su nacimiento.

EN MI SOLEDAD

La historia que te conté al inicio de este capítulo ha sido una de las más significativas que he tenido en mi vida. Pero no creas que ha sido la única, yo he experimentado la soledad. Hace varios años me mudé a Chicago, una gran ciudad, donde estaba rodeada de miles de personas, pero a la misma vez sola, sin familia y abandonada. Los días eran interminables y las lágrimas rodeaban mis mejillas de noche y de día. A pesar de todo esto, con el tiempo, personas que eran muy significativas para mí se fueron de mi lado y pensé que era mi final. Pude sentir lo que es ir al desierto sola, fueron muchas las noches de desvelo en llanto preguntándole a Dios: «¿Por qué? ¿Qué quieres enseñarme a través de todo este proceso?» Hoy puedo reconocer que aprendí a vivir en un desierto llamado soledad. Ese visitante inesperado que un día tocó a mi puerta regresó para quedarse a vivir conmigo por dos años y nos hicimos grandes amigas, no pensé que me sentiría así por tanto tiempo.

El Señor me comenzó a mostrar que tenía muchas cosas que aprender de la soledad. La primera lección que recibí fue el reconocer que tenía que cerrar la puerta al sentimiento de soledad. Esta me enseñó grandes lecciones de vida, las cuales atesoro y valoro con todo mi corazón; fue una situación adversa de abandono abrió mis ojos en una dimensión diferente para aprender, ser más fuerte, conocerme mejor a mí misma, pero sobre todo para acercarme a Dios y reconocer que solo a través de Él podía sanar las heridas de mi corazón. Aprendí lo que conlleva el proceso del perdón para liberarme a mí y a la persona que me ofendió. Luego de este proceso mi vida fue transformada y experimenté una libertad plena, una profunda paz y un gran gozo. Para las personas que me conocen saben que soy una persona muy alegre, sociable, me gusta compartir con la gente, dialogar y reír. Pero también he aprendido a disfrutar y sacar provecho de mi tiempo de soledad. Me gusta mucho leer, escribir, hacer manualidades, decoración, cocinar, preparar charlas y talleres. Aprendí que para sanar hay que soltar la soledad, y así pude volar para cumplir mi propósito divino.

DIFERENTES TIPOS DE SOLEDAD

La soledad es un sentimiento caracterizado por la falta de contacto con otras personas y en algún momento de la vida se pueden sufrir episodios cortos de soledad. Esta puede afectar a jóvenes y adultos. Por otro lado, se encuentra la soledad crónica, la cual se caracteriza por aislamiento prolongado, separado de las personas, incapacidad de conectarse con las personas y en ocasiones va acompañada de sentimientos profundos de inseguridad, baja autoestima, tristeza y ansiedad. Puede ser que tú al igual que yo te hayas mudado a una ciudad diferente, sin amigos ni familia, buscando un mejor porvenir. Quizás alguno de tus hijos se fue de la casa a estudiar a la universidad, uno de tus hijos se casó para comenzar una nueva familia. Quizá perdiste a uno de tus padres o un familiar significativo, puedes estar enfrentando un proceso de divorcio o separación con tu pareja. O puede ser que te encuentras rodeada de mucha gente y te sientes sola sin saber que hacer.

Soledad voluntaria: Es una elección individual de la persona, la cual decide apartarse temporalmente de las personas por múltiples causas. Puede ser por motivos de salud, para estar consigo misma y conocerse mejor y así hacer ajustes en su vida. Por razones de planificación, creatividad y espiritualidad. Este tipo de soledad se considera beneficiosa y productiva y resulta en una experiencia enriquecedora.

Soledad involuntaria: En este caso la soledad no es voluntaria, es impuesta, no ocurre por elección. Como, por ejemplo, personas que tienen enfermedades contagiosas y tienen que estar en aislamiento, en tratamientos especiales con quimioterapia y radiación en el cual hay que aislar para protegerlas de infecciones y de enfermedades oportunistas porque su sistema inmunológico está muy débil. Gente que está pasando por una condición mental con ideas suicidas o pasan por un proceso judicial y tienen que ir a la cárcel.

Soledad social: Es cuando la persona siente que no pertenece a ningún grupo en el cual pueda compartir sus ideas y sus intereses y le cuesta relacionarse de una forma saludable y funcional. Ella elige el aislamiento como primera opción y lo hace su estilo de vida.

Soledad cultural: Cuando las personas emigran a un nuevo lugar el cual su cultura y tradiciones son totalmente diferentes y no se sienten parte de ese nuevo lugar. Sienten que no pertenecen a su nuevo lugar de residencia.

Soledad emocional: Es la ausencia de una relación con otra persona que produzca sentimientos de bienestar, satisfacción y seguridad. Muchos eligen este estilo de vida y deciden estar solas sin una pareja sentimental y sin haber procreado hijos; muchos son totalmente productivas y tienen unas metas bien establecidas.

Soledad crónica: Es cuando estar sola se convierte nuestro día a día, esto lo podemos ver mucho en los envejecientes que tienen hijos que se han independizado, tienen sus familias y trabajos. En algunos casos esta va asociada con tristeza profunda y depresión. Aquí es muy importante buscar ayuda profesional para evitar el desarrollo de condiciones patológicas.

Soledad transitoria: Esta aparece en situaciones específicas y no dura mucho tiempo. La persona puede hacer ajustes y puede retornar a su diario vivir fácilmente. Como, por ejemplo, un nuevo empleo o comenzar en una nueva escuela o universidad.

Síndrome del nido vacío: Es el sentimiento de soledad y tristeza que experimentan los padres cuando sus hijos crecen y deciden ir a estudiar a otra ciudad, se casan o independizan. La ausencia de esa persona hace que su hogar ya no vuelva a ser el mismo y los padres tienen que hacer ajustes en su rutina diaria y enfrentarse con una gama de emociones.

LA PANDEMIA DE LA SOLEDAD

Por primera vez en la historia, el mundo experimentó una soledad colectiva y de forma inesperada. El año 2020, a nivel mundial se cerraron las puertas de las escuelas, las iglesias, los centros comerciales, centros de cuidado de niños, de envejecientes, los lugares de trabajo y las puertas de nuestros hogares. El distanciamiento social se convirtió en la norma que comenzó a regir nuestras vidas. Muchas personas perdieron sus empleos y tuvieron que quedarse con sus familias y sin una fuente de ingreso. Miles de personas fallecieron dejando un gran vacío, soledad y una gran tristeza en las familias. Mientras que por otro lado las personas que tenían trabajos esenciales salían de sus hogares a trabajar con mucho temor y otras comenzaron a trabajar desde sus hogares y hoy día muchos de ellos aún continúan sin regresar a su área de trabajo.

Cuando llegó el momento en el cual se levantaron las restricciones, muchas personas se habían acostumbrado tanto al aislamiento y a la soledad que no querían reintegrarse a su estilo de vida. El temor y la inseguridad no les permitía volver a sus actividades del diario vivir. La pandemia trajo un aumento significativo en las condiciones de depresión y en la ansiedad. La Universidad de Boston realizó una encuesta entre personas adultas en la cual participaron 1,450 personas y encontró que la mitad de los adultos encuestados reportaron sentimientos de soledad, indicios de depresión, ansiedad, angustia, desesperanza, fracaso e insatisfacción por la vida como consecuencia de la pérdida de sus seres queridos, presiones financieras, pérdida de sus empleos y el aislamiento ocasionado por la pandemia.

EFECTOS EN LA SALUD

Como profesional de la salud en el área de geriatría, he sido testigo del efecto de la soledad en las personas a nivel físico y emocional. Las condiciones de salud se van exacerbando poco a poco hasta convertirse en condiciones crónicas. Como, por ejemplo: Algunas personas piensan que no merecen estar acompañados y que merecen la soledad por algo que hicieron en el pasado y florece el sentimiento de culpa. Por otro lado, otros piensan mal de las demás personas, porque no los visitan y crean un gran resentimiento que les provoca una baja autoestima. El proceso del pensamiento se va distorsionando y se convierte en una tortura, de manera tal que algunos crean un plan para quitarse la vida y cometen suicidio.

En una ocasión conocí a un hombre que estaba muy enfermo, lo hospitalizaron y me dijo que se sentía muy solo. Él vivía solo en su casa y tenía un hijo que era policía y casi no lo veía ni lo llamaba porque siempre estaba trabajando. Este hombre me dijo que él dejaba de tomar sus medicamentos para que lo hospitalizaran porque esa era la única forma que su hijo lo llamaba y lo visitaba. Para mí era impresionante ver la tristeza que este hombre reflejaba mientras lágrimas brotaban de sus ojos. En otra ocasión conocí a una mujer que sentía una soledad abrumadora. Había criado sola a sus dos hijos y trabajó incansablemente para ambos obtuvieran un título universitario. Ya eran adultos y tenían sus familias, uno era médico, otro abogado, pero nunca la visitaban. Ella solo vivía esperando que fueran a visitarla. Tenía varias condiciones de salud y cuando llegaba el día de irse a su casa, la noche anterior siempre se enfermaba y pasaba mucho tiempo hospitalizada. Un día esta mujer contó la verdadera razón de su enfermedad: no quería irse a su casa para no estar sola, porque en el hospital siempre estaba rodeada de gente y le prestaban atención. Esta historia ha sido una de las más conmovedoras. Un hombre de mediana edad siempre hablaba de su hijo que vivía en Nueva York, porque era un gran empresario. Su papá siempre estaba hablando de su hijo, de sus grandes cualidades y de lo mucho que lo quería. Todos los días decía que su hijo finalmente vendría a verlo. La condición de salud de este hombre se deterioró considerablemente de manera tal que entró en un proceso de muerte. Con una voz casi inaudible decía: «Estoy esperando a mi hijo», pero este nunca llegó.

Muchos desconocen que la soledad puede afectar significativamente la salud. Algunas señales son:

1. Aumento de enfermedades cardiovasculares: La persona vive en un estrés constante y afecta sus niveles de presión arterial, por lo que está propensa a derrames cerebrales y ataques al corazón.

2. Insomnio: Afecta el patrón de sueño en las personas, lo cual provoca cansancio físico, agotamiento mental y falta de concentración.

3. Debilitamiento del sistema inmunológico: Se suprime la eficacia del sistema inmunológico para combatir infecciones y cambios en patrones alimenticios.

4. Alteración del proceso del pensamiento: Las personas con más frecuencia padecen de ansiedad, depresión y se sienten infelices. Esto puede llevarlas a desarrollar condiciones mentales que requieren tratamiento médico, terapia y manejo con medicamentos.

5. Cambios en conducta: Hay cambios en el comportamiento, al querer estar aislado de las personas y no tener amigos ni participar en actividades sociales. Puede aumentar el riesgo a padecer demencia.

CÓMO MANEJAR LA SOLEDAD

Si estás padeciendo de soledad o si conoces a alguien que esté pasando por esta situación, deseo compartir contigo algunas recomendaciones que te pueden servir de mucha utilidad. Cada persona es diferente y hay casos en los cuales la intervención de un profesional y tratamiento médico es necesario.

1. **Identifica las razones por la que sientes sola:** Necesitas tomar tiempo para pensar por qué te sientes así.
2. **Monitorea tus pensamientos y sentimientos:** Elige un lugar cómodo y dedica veinte minutos para poder identificar cómo te sientes.
3. **Invierte tiempo en ti y disfruta del tiempo contigo misma:** Relájate, escucha música instrumental, sonidos de la naturaleza, haz ejercicios, lee o escucha un libro.
4. **Planifica tu día:** Puedes preparar un listado con un horario con las diferentes tareas del día siguiente, así podrás enfocarte mejor.
5. **Establece metas a corto y a largo plazo de cosas que quieres hacer:** Metas con propósito y que puedan causar un impacto positivo en tu vida. Como, por ejemplo, conocer nuevas personas.
6. **Busca un grupo de apoyo:** En la iglesia, en la comunidad, un grupo de mujeres, club de libros o de manualidades.
7. **Busca ayuda profesional:** Ventila cómo te sientes y lo que estás pensando.
8. **Permite que otras personas te escuchen:** Al hacerlo te sentirás más despejada y esto te ayudará a ver las cosas con más claridad.
9. **Llora, si lo deseas:** Llorar es una forma de liberar tus sentimientos y emociones.

10. **Busca un pasatiempo:** Lee un libro, prepara tu comida o postre favorito, ve una nueva película o un documental de un tema de interés, cuida de tu jardín, mira el atardecer.
11. **Cuida tu aspecto personal** vernos bien nos ayuda a sentirnos mejor.
12. **Sal a caminar:** Al parque y lugares donde haya personas.
13. **Habla por teléfono:** con tus familiares o amigas.
14. **Participa voluntariamente:** En actos sociales en tu comunidad o en la iglesia.
15. **Busca una persona de confianza:** Para que te acompañe y así puedas hablar.
16. **No importa cuál sea tu edad:** Nunca dejes de soñar.
17. **Busca una mascota:** Las personas que tienen una mascota sienten compañía y al salir tienen la oportunidad de interactuar con otras personas.

RECOMENDACIONES TERAPÉUTICAS

1. **Terapia recreacional:** El objetivo principal es mejorar el funcionamiento de la persona y ayudarlos a mantenerse activos, sanos e independientes en sus actividades del diario vivir. Aquí se incorporan los intereses personales, para que el proceso de terapia sea más significativo. Esta terapia puede incluir una amplia gama de personas incluyendo los niños, adultos y adultos mayores con discapacidades físicas, conductuales, cognitivas, de desarrollo e intelectuales. Entre las actividades pueden incluir las siguientes: libros de colorear, rompecabezas, juegos de mesa, libros para buscar palabras, juegos con cartas, trivia, películas, música, bingo, manualidades, jardín de plantas florales y de vegetales, entre otros. Se aprovechan las diferentes estaciones del año para incluir actividades relacionadas a cada temporada. Estas actividades se pueden realizar a solas o en grupo.

2. **Musicoterapia:** Produce beneficios en nuestro cuerpo, es un canal de expresión emocional, de relajación y una

forma de obtener cierta sensación de bienestar. En la gran mayoría de las ocasiones es música instrumental con melodías y tonalidades relajantes. Esta terapia es utilizada para manejo de la soledad, ansiedad, depresión y manejo del dolor. Hoy día existen canales de televisión y aplicaciones de música relajante que puedes utilizar en la privacidad de tu hogar.

3. **Aromaterapia:** Tiene como objetivo mejorar la salud y el bienestar en general. Esta terapia alternativa promueve el bienestar físico y psicológico. Está basada en el uso de aceites naturales o esenciales extraídos de plantas, flores, hierbas o arboles naturales. Algunos ejemplos: encender una vela con un olor agradable, tener jabones aromáticos para darse un baño, la aplicación de aceites naturales en el cuerpo o tener difusores con diferentes aromas en la casa. También puedes asistir a una sesión de masaje el cual puede incluir la aromaterapia.

4. **Mascotas:** La soledad no solo afecta calidad de vida, sino que es la causa de un deterioro gradual y significativo de sus funciones emocionales, motoras y sociales. Compartir el tiempo con una mascota puede ser una buena solución para tener en cuenta. Puedes adquirir una por tu cuenta o un perro de servicio que se utiliza para personas con ansiedad, depresión y síndrome postraumático. Hace algún tiempo se añadió esta modalidad como terapéutica para combatir la soledad y es el uso de mascotas mecánicas en algunas instituciones de salud. Aquí se utiliza una mascota que parece un peluche en forma de perro o gato y parece muy real. Tiene capacidad de textura, movimiento y de sonido. Están confeccionados de manera tal que los envejecientes y personas con demencia puedan sentir que están acompañados. Cuando la persona lo acaricia, puede moverse, ladrar, maullar, mover la cola, caminar y cambiar de posición, como si fueran reales. Estos están disponibles y están al alcance de todos.

EL LADO POSITIVO DE LA SOLEDAD

Cuando la soledad se convierte en aislamiento no es saludable, es un mecanismo de defensa para la autoprotección. Esto ocurre cuando hemos sido lastimadas y ha causado heridas profundas que no han sido sanadas. Esto nos lleva a tratar de escondernos para evitar ser lastimadas nuevamente.

Pero cuando decidimos sanar nuestro corazón herido, donde antes hubo una herida solo quedará una cicatriz; y donde hubo un pensamiento perturbador habrá un recuerdo positivo del proceso de sanidad y restauración. No todos los procesos los cuales pasamos son negativos, tenemos que aprender a mirar cada evento de nuestra vida con unos lentes diferentes, por tal razón te invito a ver el lado positivo de la soledad.

1. Te conoces mejor a ti misma y aprendes a desarrollar amor propio. Te dedicas más tiempo e inviertes en conocerte mejor y amarte más. Descubre las cosas que te gustan y las que no. Invertir tiempo en ti misma es muy saludable y beneficioso.
2. Pasas tiempo de calidad contigo misma te ayuda a soñar en grande y establecer metas a corto y a largo plazo.
3. Saca provecho de tu tiempo a solas para que puedas organizarte mejor. Utiliza una agenda y reevalúa tus logros cada tres meses, te ayudará a establecer prioridades.
4. Desarrollas la motivación. Prepara un listado de lugares que deseas visitar y crea un plan para llevarlo a cabo.
5. Es un tiempo para acercarte más a Dios, orar y leer la Biblia.
6. Excelente momento para estar en contacto con la naturaleza.
7. Tiempo para tomar un curso o clases de cocina.
8. Te ayuda a enfocarte en el presente y a reconocer que el pasado quedo atrás y que entras en una nueva temporada.

UNA MUJER VIVIENDO EN SOLEDAD

En Lucas 8:43-48 hay una historia muy conmovedora de una mujer que sufría de una enfermedad de flujo de sangre, era una hemorragia continua. Llevaba doce años enferma y no había encontrado la solución a su problema. Según la tradición religiosa, esta enfermedad era como una maldición y la mujer era considerada impura. Por tal razón tenía que mantenerse aislada porque era rechazada por la sociedad. Estaba imposibilitada de hacer los oficios de su hogar, no se le permitía socializar, no podía saludar a otras personas ni podía ir al templo. A pesar de vivir en extrema soledad, desarrolló una fe inquebrantable, se decía: «Si tan solo tocare el borde de sus vestidos seré sana». Esta mujer sufrió los efectos negativos de la soledad, no dijo nada a pesar de su baja autoestima y el temor que desarrolló al poder ser reconocida. A pesar del impacto en su proceso de pensamiento por la soledad, su fe permaneció intacta. Ella sí creía en su milagro, y esto la llevó a dejar su temor a un lado e ir en busca de Jesús. Su fe fue más fuerte que su temor, su baja autoestima y su agotamiento emocional, porque ella quería que su vida volviera a la normalidad.

Un día, esta mujer escuchó hablar de Jesús. Se armó de valor y fue en busca de la ayuda que necesitaba. En la ciudad había una gran multitud, y a pesar de la congestión de personas, como pudo llegó cerca de Jesús. Tocó el borde del vestido de Jesús y al instante su flujo de sangre se detuvo. El poder sanador de Jesús alcanzó a esta mujer en el momento que más lo necesitaba. Ella se llenó de temor al ser descubierta y, temblorosa, se postró ante los pies de Jesús. Él le respondió:

—Hija tu fe te ha sanado, ve en paz.

Hay algo que me llama la atención de esta mujer y fue su valentía, porque desafió todas las restricciones religiosas y sociales que le habían sido impuestas. Ella creyó con todo su corazón que recibiría su milagro y sería sana. Esta mujer no solo recibió su sanidad, sino también la paz y el descanso que necesitaba para seguir hacia adelante. Te invito a creer con todo tu corazón que Jesús es la respuesta que necesitas. Él desea sanar tu corazón, tu mente, tus emociones y todo tu ser. Él te imparte perdón a tus pecados, paz, salvación y vida eterna. Abre tu corazón, porque Él quiere hacer cosas maravillosas en tu vida. Tu vida será transformada y restaurada para hacer de ti una mujer completamente diferente.

CIERRA LA PUERTA

Hay ocasiones que salimos de nuestra casa y dejamos la puerta abierta, y puede ser que esto ocasione que visitantes inesperados lleguen a robar. Cuando una persona entra a robar a una casa es porque sabe que en ese lugar hay algo de mucho valor. Tú eres una mujer de mucho valor, cierra la puerta a los sentimientos, emociones y pensamientos que pueden haber llegado a robarte la paz, la felicidad y tu hermosa sonrisa. Dile a esos visitantes inesperados que te han estado acompañando que es hora de retirarse porque estás en proceso de remodelación de tu nuevo yo. Hay paredes que derribar, porque hay que solidificar el fundamento de tu vida. Dios refuerza tu espíritu, alma y cuerpo y te reviste con Su Espíritu Santo para llenarte de fuerzas para vencer. Hoy Dios viene a entregarte una nueva identidad, y te dice que tu eres Su hija, eres una joya de mucho valor, que te cuida como a la niña de sus ojos porque su amor por ti es incomparable. Dios te restituye lo que te fue robado: tu alegría, tu sonrisa, tus deseos de vivir, tus sueños, los anhelos de tu corazón, tu fe y un nuevo futuro. Entras en una nueva temporada de tu vida, vuelves a florecer y a reverdecer como nunca. Suelta tu soledad porque no te permite volar, decide soltar para sanar y ser libre.

ORACIÓN

Señor, reconozco que estás conmigo en este momento. Cierro las puertas abiertas y renuncio a la soledad que me ha tenido esclavizada y en cautiverio. Me acerco a Ti porque eres la respuesta que necesito. Llena el vacío de mi corazón y tómame de la mano para que caminemos juntos el resto de mi vida. Tú eres la mejor compañía que puedo tener. Quita el temor y lléname de tu paz, amén.

PARA REFLEXIONAR

¿Cuándo te sientes más sola?

¿Quiénes son las personas que te hacen sentir sola?, ¿por qué?

¿Cuánto tiempo te has sentido de esta manera?

Te sientes sola porque...

¿Qué es lo que sientes cuando estás sola?
¿Qué quieres hacer?

¿Qué cosas te gustaría cambiar?

¿Conoces a alguna persona que está pasando por soledad y se encuentra aislada? ¿Te gustaría invertir tiempo en ella? ¿En qué actividades te gustaría compartir con ella?

CAPÍTULO 6
UNA GRAN BATALLA DENTRO DE MÍ: LA ANSIEDAD

«Pongan todas sus preocupaciones y ansiedades en las manos de Dios, porque él cuida de ustedes.» 1 Pedro 5:7 NTV

Cada una de nosotras hemos podido experimentar la ansiedad en algún momento de nuestra vida. Sentir ansiedad de forma ocasional es normal en nuestro diario vivir y a menudo produce resultados muy favorables. Nos pone en estado de alerta en situaciones de peligro, nos prepara para la acción y nos ayuda a actuar para protegernos, como, por ejemplo: Cuando tenemos una entrevista de trabajo, al tomar un examen, al cruzar una calle con mucho tráfico, el manejar en condiciones climáticas extremas o al tomar una decisión importante. Sin embargo, cuando una persona siente niveles de ansiedad desproporcionados y no la sabe manejar, podría afectar su diario vivir y convertirse en un problema patológico, para lo cual necesita ayuda profesional.

Cuando ocurre la ansiedad, comienza la preocupación, que en realidad es pre-ocuparse por un acontecimiento que aún no ha sucedido. En la mente comienzan a fluir pensamientos o ideas sobre algún acontecimiento del futuro del cual deseamos protegernos y queremos estar preparadas para actuar. La acumulación de estos pensamientos e ideas hace que se tenga una sobrecarga emocional y sucede como un mecanismo de defensa para evitar el dolor. Los pensamientos fluyen, pero no pueden ser procesados de una manera objetiva. La preocupación excesiva muchas veces nos convierte en personas disfuncionales.

En ocasiones se piensa que con solo decir: «No te preocupes», todo va a cambiar de la noche a la mañana. Por el contrario, quien padece de ansiedad experimenta largas horas de desvelo pensando en lo mismo una y otra vez, y creando escenarios mentales muy difíciles de controlar. Lo cual provoca que al día siguiente se sienta cansada, extenuada y frustrada al no tener claridad en sus pensamientos. Por tal razón te invito a que derribes las fortalezas que se han creado en tu mente y que pongas tus pensamientos en orden para que puedas enfrentarte al mundo real. A que puedas hacer una introspección para ponerle fin a esa batalla mental. Es tiempo de entregar y que te despojes de todas tus preocupaciones, de todo lo que te causa ansiedad, de soltar esos pensamientos que te agobian, porque eres importante para Dios. Él te ama y tiene cuidado de ti. Decide soltar para volar y experimentar una libertad plena.

¿QUÉ ES LA ANSIEDAD?

La ansiedad es un estado interior que se manifiesta en lo exterior. La ansiedad es un estado de miedo, temor, nerviosismo, intranquilidad, angustia, inquietud por un evento que aún no ha sucedido, es algo que está por suceder. La ansiedad puede obstaculizar nuestro razonamiento de manera tal que nos impide tratar un problema con eficacia. Esta envuelve los sentimientos, emociones, el proceso de pensamiento y la conducta.

Hay ciertas experiencias en la vida, como los acontecimientos traumáticos, las cuales pueden provocar situaciones de ansiedad. Como, por ejemplo: el divorcio o la separación de los padres en la niñez o en la adultez, la pérdida de un familiar significativo, el abandono, el rechazo, la traición, maltrato, abuso sexual, una enfermedad grave, presiones financieras, falta de empleo, la muerte de una mascota o un accidente automovilístico. Las personas que pasan por este tipo de situaciones no desean volver a vivir esa experiencia dolorosa y desean protegerse para que no les vuelva a ocurrir en el futuro. Desarrollan un plan mental por si acaso les vuelve a suceder y así poder lidiar con la situación, tomando como base la experiencia que tuvieron en el pasado. La ansiedad interfiere en las actividades del diario vivir de una persona y puede convertirse en ataques de pánico. Cuando la ansiedad escala mayores proporciones es importante buscar ayuda profesional y recibir tratamiento.

SÍNTOMAS DE LA ANSIEDAD

Muchos experimentan ansiedad en algún momento de su vida, la diferencia es el nivel de intensidad. La ansiedad puede convertirse en un trastorno cuando los síntomas se tornan más significativos y la persona pierde el control. Los síntomas son diferentes según su nivel de intensidad. Estos son algunos de los síntomas que he observado basado en mi experiencia clínica, y aún hay muchos más por mencionar. Es importante buscar ayuda médica y profesional.

1. Preocupación excesiva: Este es uno de los síntomas más comunes de la ansiedad. Se afecta la capacidad para concentrarse y realizar tareas del diario vivir.
2. Intranquilidad: Muchas personas lo describen como sentirse nerviosos o con una necesidad de moverse, como caminar de un lado para otro o con movimientos repetitivos (pasarse la mano por el cabello, tocarse la cara).
3. Dificultad para concentrarse: Problemas para enfocarse, dificultades en la memoria al momento de retener alguna información. Disminución del aprendizaje.
4. Dificultad para dormir: Despertar a medianoche y tener dificultad para conciliar el sueño.
5. Temores sin causa: Temores exagerados o fobias a animales, espacios cerrados, a las alturas, inyecciones, al ver sangre, viajar en avión, entrar a un elevador, etc.
6. Músculos tensos: Aumenta la tensión y como resultado se desarrollan espasmos musculares.
7. Agitación: Síntomas fisiológicos tales como pulso acelerado, dolor en el pecho que se confunde con un ataque al corazón, palmas de las manos sudorosas, manos temblorosas y la boca seca.

8. Descontrol en patrones alimenticios: Falta de apetito o consumo exagerado de dulces, chocolate y alimentos altos en azúcares. En ocasiones se pueden manifestar náuseas, vómitos, molestias abdominales y cambios en el patrón de eliminación.

MI GRAN BATALLA CON LA ANSIEDAD

En una ocasión tenía un fin de semana libre de mi trabajo y decidí quedarme en mi casa descansando. Recuerdo que mi hija tenía como ocho años y estuvo estudiando y haciendo tareas. Por la tarde me pidió permiso para correr su bicicleta y yo le dije que sí. Al cabo de unos minutos llegó a mi casa una amiguita de mi hija y me dijo que por favor saliera; al mirar su cara pálida imaginé que algo había sucedido. Al salir me encontré con una escena que aún tengo muy fresca en mi memoria. Mi hija estaba corriendo su bicicleta y perdió el control y se estrelló contra una pared de cemento. Salí corriendo al ver a hija ensangrentada. Ella como pudo se levantó y vino hacia mí y me dijo:

—Mami, no tengo dolor; no te preocupes porque Dios está conmigo.

Como soy enfermera comencé a actuar rápidamente, le controlé el sangrado, y como sospechaba de múltiples fracturas la manejé con mucho cuidado y estuve evaluando su estado de conciencia, pues había sufrido un impacto severo en todo su cuerpo. A consecuencia de ese accidente tuvo su cabeza abierta en varias áreas y múltiples fracturas. Al llevarla al hospital me indicaron que mi hija estaba viva de milagro y aquí recordé las palabras que mi hija pronunció al tener su accidente: «Dios está conmigo».

Este evento comenzó a crear mucha ansiedad dentro de mí debido a la delicada situación de salud de mi hija y a las posibles secuelas. Los estudios médicos eran costosos, las visitas médicas a diferentes especialistas no cesaban y mi hija no podía valerse por ella misma, yo tenía que hacerle todo, las 24 horas del día. Esta situación comenzó a desarrollar una gran batalla de ansiedad dentro de mí. Casi no podía dormir, no sentía hambre, pero sí muy cansada por la falta de sueño y la alimentación pobre. Me sentía impotente ante esa situación y con muchas preguntas sin respuesta. Me aterrorizaba la idea de que mi hija no recobrara su movilidad y que no pudiera volver a ser una niña normal. Cada día oraba y le pedía a Dios que me ayudara y que le diera vida a mi hija, que tuviera misericordia y que la sanara.

En cada conversación con mi hija ella me decía:

—Mami, recuerda lo que te dije, Dios está conmigo.

Yo me quedaba perpleja cada vez que la escuchaba decir esa frase. Para mí era muy impresionante ver a una niña de ocho años, con múltiples fracturas, con el área frontal de su cerebro inflamado por el impacto, con dolor, sin poder valerse por sí misma pero a la misma vez tranquila, con la seguridad y confianza de que Dios estaba con ella. Y yo, por otro lado, batallando con mis sentimientos de mamá y de enfermera a la vez. Pero un día tuve que reconocer que mi hija a pesar de su corta edad tenía una gran fe y es ahí cuando sus palabras se convirtieron en un gran bálsamo para aliviar mi ansiedad ante la difícil situación. Sus palabras eran una gran inyección de fe, la cual hacía que me acercara más a Dios y creyera con todo mi corazón que todo iba a estar bien. Recibía nuevas fuerzas para seguir hacia adelante y cumplir con mi gran jornada.

Por medio de la oración deposité toda mi ansiedad y mis preocupaciones en las manos de Dios, porque verdaderamente comprendí que Él cuidaba de nosotros. Al pasar varios meses mi hija se recuperó en su totalidad y no quedaron secuelas. Hoy solo quedan sus cicatrices y una gran enseñanza: el mejor antídoto para sanar la ansiedad es la fe en Dios. Decidí soltar la ansiedad para poder volar.

LA ANSIEDAD EN EL DÍA DE HOY

Hay muchas personas que acuden a la sala de emergencia con dificultad respiratoria, dolor en el pecho y adormecimiento en alguno de sus brazos. Lo primero que les viene a la mente es que están teniendo un ataque al corazón. Al acudir al hospital lo primero es que se le hacen son los exámenes de rutina, verificar sus signos vitales, ritmo cardiaco, oxigenación en la sangre, electrocardiograma y un análisis de enzimas cardiacas para ver si están elevadas, para corroborar si se está teniendo un ataque al corazón. No siempre estos síntomas están relacionados a un ataque cardiaco, en muchos casos están asociados a la ansiedad y ataques de pánico. En ocasiones puede desarrollarse una enfermedad psicosomática: es el desarrollo de síntomas físicos cuyas causas se derivan de procesos emocionales, como el estrés y la ansiedad. En palabras sencillas, son síntomas físicos provocados por la mente sin ninguna evidencia médica de enfermedad. Muchas veces las personas se sorprenden cuando el médico le notifica que todos sus resultados están negativos. ¿Te ha sucedido algo así? ¿Conoces a alguna persona que le haya sucedido?

De acuerdo con la Organización Mundial de la Salud (OMS), la ansiedad afecta a 264 millones de personas a nivel mundial y se posiciona como la sexta causa de disminución de años de vida saludable. En estados Unidos hay 57 mil personas que han sido ya diagnosticadas. Según la ADAA (Americans with Disabilities Act Amendments) las mujeres tienen más probabilidades de verse afectadas que los hombres. La ansiedad afecta al 23 % de las mujeres adultas y el 38 % de los adolescentes de trece a dieciocho años. Las mujeres son más propensas a padecer trastornos de ansiedad que los hombres debido a la gran cantidad de hormonas en su cuerpo, las cuales incurren en muchos cambios y desbalances hormonales.

TIPOS COMUNES DE ANSIEDAD

1. Ansiedad generalizada: Es un trastorno crónico que implica una ansiedad o preocupación excesiva la gran mayoría de sus días. Pueden sentirse inquietas, nerviosas, con cansancio, tienen problemas para concentrarse, tensión muscular, irritabilidad y dificultad para dormir.
2. Pánico: Sentimientos breves y repentinos de terror aun cuando no hay un peligro real. Puede sentir el ritmo cardiaco acelerado, dolor de pecho, estómago y dificultad para respirar.
3. Obsesivo compulsivo: Entre las más comunes se encuentran el miedo a la suciedad, a los gérmenes, el querer arreglar las cosas de cierta manera determinada lo que muchas veces interfieren en el diario vivir.
4. Fobias: Miedo intenso e irracional a situaciones, objetos o animales porque creen que están en peligro. Como, por ejemplo: viajar en un avión, a las alturas, lugares encerrados, inyecciones o a los insectos.
5. Estrés postraumático: Afecta a las personas que han vivido o presenciado un evento traumático como una guerra, un desastre natural, un accidente, abuso físico o sexual.
6. Ansiedad social: Miedo al juicio en la sociedad o a la vergüenza pública.
7. Ansiedad por separación: Altos niveles de ansiedad luego de la separación de una persona o lugar el cual proporcionaba sentimientos de seguridad o protección.

ALGUNAS TÉCNICAS PARA REDUCIR LA ANSIEDAD

Hay muchas técnicas para reducir la ansiedad, pero de la única manera que van a ser efectivas es creando un hábito y haciéndolas parte de tu estilo de vida. Si estás pasando por un episodio de ansiedad o si conoces a alguien que desees ayudar, deseo compartir contigo algunas técnicas que ayudan a mejorar. Recuerda que cada persona es diferente y hay ocasiones en la cual se necesitará la intervención de un profesional de la salud.

1. **Aromaterapia:** El aroma de los aceites esenciales y velas provenientes de plantas, cortezas, hierbas y flores se utilizan para promover bienestar físico y psicológico. Estas promueven una sensación de bienestar, la relajación y reducen el estrés y la ansiedad. Puedes utilizar aromas de lavanda, jengibre, limón, menta, romero y geranio. Puedes utilizar, difusores, aplicar sobre la piel, tomar un baño con aromaterapia o encender una vela aromática.

2. **Musicoterapia:** La música tiene un impacto positivo en el bienestar emocional y ayuda con los estados de depresión, estrés, ansiedad y en la actualidad se utiliza en los hospitales como una modalidad terapéutica. Busca un lugar tranquilo con luz tenue, escucha música instrumental, suave, sonidos de la naturaleza como de agua, lluvia, pájaros cantando entre otros. Cierra los ojos y presta mucha atención a los sonidos, ritmos y melodías. Esto proveerá una sensación de relajación y bienestar.

3. **Técnica de respiración:** La respiración es fundamental en el ser humano y al realizar la técnica de la respiración se promueve la oxigenación a todo el cuerpo y produce un estado de relajación. Nuestro cuerpo producirá acetilcolina, un neurotransmisor que actúa como relajante natural. Inhala aire por la boca y espera tres segundos, luego exhala el aire por la nariz suavemente. Repite el mismo ejercicio. Al hacerlo concéntrate en las respiraciones y no en tu medioambiente.

4. **Técnica de actividades o de recreación:** Esta técnica es muy utilizada en los hospitales, escuelas, centros para niños con problemas de aprendizaje, centros de rehabilitación,

hogares de ancianos y en la comunidad. Esta técnica se toma en consideración los pasatiempos favoritos de la persona y utilizarlos como un método de distracción. Como, por ejemplo: leer un libro, colorear, pintar, escuchar música, escribir, hacer manualidades, ver sus películas favoritas, clases de cocina, jardinería, música, interacción con mascotas o salir a caminar. Esto se puede hacer solo o en grupo. Esto ayuda con el estado de ánimo, mejora su sistema motor y ayuda a hacer conexión con otras personas y mejora la salud emocional.

MODIFICACIÓN DE CONDUCTA

1. **Cuida tu alimentación:** La alimentación saludable es importante para la salud, ingiere alimentos saludables de forma balanceada, tales como frutas, vegetales, granos integrales y pescado. Toma mucha agua para mantener una hidratación adecuada. Reduce la ingesta de cafeína, pues este estimulante se encuentra en el café, té, chocolate, sodas y bebidas energizantes. Evita el alcohol, nicotina y los azúcares porque son estimulantes y pueden precipitar los síntomas de la ansiedad.

2. **Sueño y descanso:** Establece una rutina fija y un horario para dormir, realiza actividades que le indiquen a tu cuerpo que vas a dormir, tales como darte una ducha, ropa cómoda para dormir, ropa de cama agradable, temperatura adecuada en la habitación y cepíllate los dientes. Muchas personas tienen como rutina revisar los mensajes en su celular antes de dormir con la luz apagada. Esta acción tiene efectos adversos en el sueño porque la luz inhibe la producción de una hormona llamada melatonina, la cual induce al sueño. Trata de no revisar tus mensajes antes de dormir para evitar preocupaciones y para que puedas conciliar el sueño más fácilmente.

3. **Planifica:** Al momento de planificar evalúa el momento en el cual te encuentras, a dónde te gustaría ir y cómo lo harás. Utiliza una agenda para planificar las cosas que vas a hacer. Esto le añade estructura y organización a tu vida al poder establecerte metas a corto y largo plazo, además establece un tiempo determinado para cada una. Esto te ayudará a cumplir las metas que te has establecido con más eficacia. Evalúa tu progreso periódicamente, como por ejemplo cada tres meses y así podrás estar más consciente de tu avance. Revisa si las estrategias que has establecido han sido efectivas para ver si tienes que hacer alguna modificación.

4. **Evita la procrastinación:** Evita posponer, postergar o aplazar deberes y responsabilidades por otras actividades que resultan más gratificantes pero que son irrelevantes. Como dice un refrán: «No dejes para mañana, lo que puedes hacer hoy». Conócete a ti misma y analiza cómo la procrastinación está afectando negativamente en tu desempeño. Maneja tu tiempo de una manera más efectiva y comprométete contigo misma a comenzar y terminar cada tarea que te hayas propuesto. Evita las distracciones y enfócate en tu meta para cada día.

5. **Confía en las promesas de Dios:** Busca un lugar tranquilo en tu hogar, lee la biblia y medita en ella. Sus promesas te impartirán nuevas fuerzas para seguir hacia adelante. Lee estas promesas, cree, confía en ellas y repítelas cada día. Grábalas en tu mente y en tu corazón. Sus promesas son como un gran escudo que nos sirve de protección y nos imparte seguridad.

CONTROLA LA ANSIEDAD Y NO PERMITAS QUE TE CONTROLE

El temor al futuro y a lo inesperado puede causar una ansiedad desproporcionada en muchas personas. Es de suma importancia mantener el control sobre nosotras y no permitir que la ansiedad tome ventaja y nos manipule. El pasado no lo podemos cambiar, pero el presente y el futuro depende de nosotras. Cuando hay episodios fuertes de ansiedad es importante el buscar ayuda profesional y consejería. Un profesional evaluará la situación objetivamente y podrá proveer, las herramientas y estrategias terapéuticas que te ayudarán a salir adelante.

Te invito a reflexionar e identificar si padeces de ansiedad o si conoces a alguna persona que se encuentre atravesando por esta situación. El primer eslabón es reconocer que hay un problema de ansiedad. Luego, entender y aceptar recibir ayuda terapéutica. Como parte de este proceso de sanidad interior hay que identificar cuáles son los posibles factores detonantes de la ansiedad, para esto deberás hacer una introspección para determinar las causas. En mi batalla con la ansiedad descubrí algo muy importante, una gran enseñanza: el mejor antídoto para sanar la ansiedad es la fe. En 2 Corintios 5:7 NTV dice:

«Pues vivimos por lo que creemos y no por lo que vemos.»

Cuando miramos a nuestro alrededor, las circunstancias que nos rodean nos pueden llenar de ansiedad, nos paralizan y nos detienen en el camino, esto hace que percibamos nuestro futuro con cierta incertidumbre. Acercarnos a Dios hace que nuestra vida se llene de una nueva esperanza. Deposita tu confianza en Dios, teniendo la certeza que Él te ama, te cuida y está contigo en cada momento de tu vida. Es hermoso saber que Él está con nosotros y nos toma de la mano en nuestro caminar por la vida para impartirnos seguridad, confianza y paz, en los momentos que más lo necesitamos. La fe nos ayuda en la toma de decisiones y a ir en busca de nuestro propósito. Permite que Dios tome el timón de tu vida para guiarte hacia puerto seguro.

En Filipenses 4:6-7 NTV dice:

«No se preocupen por nada; en cambio, oren por todo. Díganle a Dios lo que necesitan y denle gracias por todo lo que él ha hecho. Así experimentarán la paz de Dios, que supera todo lo que podemos entender. La paz de Dios cuidará su corazón y su mente mientras vivan en Cristo Jesús.»

Acércate a Dios en oración y entrégale tu temor al futuro, a lo inesperado, preocupaciones, suelta y libera toda esa carga emocional en oración, creyendo que Él te escucha. Permite que la paz de Dios inunde tu corazón, tu mente y todo tu ser. Su paz va más allá de lo que puedes imaginar. En la vida siempre vamos a experimentar situaciones difíciles, pero la fe en Dios y su inagotable paz son el vehículo que nos hará transitar con plena confianza porque Él está en control absoluto. Es importante que sepas que fuiste creada con un gran propósito y un destino maravilloso, en Jeremías 29:11 NTV dice:

«Pues yo sé los planes que tengo para ustedes, dice el SEÑOR. Son planes para lo bueno y no para lo malo, para darles un futuro y una esperanza.»

Qué hermoso es saber que Dios tiene grandes planes y promesas para nosotros. Repite esta gran promesa y atesórala en tu corazón, creyendo en los planes que ya Él ha diseñado para ti.

PROMESAS DE DIOS PARA TI

Luego de soltar la ansiedad es importante confiar en las promesas que Dios tiene para nosotras, estas nos llenan de esperanza y seguridad. En la Biblia encontramos muchas promesas que están vigentes y son una gran herramienta para mantener nuestra mente alejada de la ansiedad. Sus promesas nos ayudan a reemplazar la preocupación por pensamientos de confianza. Acercarnos a Dios cada día trae grandes beneficios a nuestra vida: recibimos descanso y paz en nuestro corazón.

«No tengas miedo, porque yo estoy contigo; no te desalientes,
porque yo soy tu Dios. Te daré fuerzas y te ayudaré;
te sostendré con mi mano derecha victoriosa.»
Isaías 41:10 NTV

«No dejen que el corazón se les llene de angustia; confíen en
Dios y confíen también en mí.» Juan 14:1 NTV

«El Señor dice: "Te guiaré por el mejor sendero para tu vida;
te aconsejaré y velaré por ti".» Salmos 32:8

«Mi mandato es: "¡Sé fuerte y valiente!
No tengas miedo ni te desanimes, porque el Señor tu Dios está
contigo dondequiera que vayas".» Josué 1:9 NTV

«Les dejo un regalo: paz en la mente y en el corazón.
Y la paz que yo doy es un regalo que el mundo no puede dar.
Así que no se angustien ni tengan miedo.»
Juan 14:27 NTV

«Pues todo lo puedo hacer por medio de Cristo,
quien me da las fuerzas.» Filipenses 4:13 NTV

¿Qué significa poner nuestras ansiedades en las manos de Dios? Es depositar tu confianza en Dios teniendo la certeza que Él está contigo en todo momento, cuida de ti y está en control absoluto. La batalla que tienes dentro de ti tiene fecha de expiración, hoy llega a su fin. Te invito a soltar tu ansiedad, depositar tu confianza en Dios, para que Él tome el control de tu vida y de tu futuro. Hoy suelta la ansiedad para poder volar.

UNA MUJER QUE SUFRIÓ ANSIEDAD Y TEMOR AL FUTURO

1 Reyes 17:8-16 relata la historia de Elías y de una viuda que vivía en una ciudad llamada Sarepta. Al entrar en la ciudad, Elías vio a la mujer recogiendo leña y la llamó para pedirle un

vaso con agua. Luego la llamó por segunda vez para pedirle un bocado de pan, a lo cual ella respondió que solo tenía un puñado de harina y un poco de aceite en una vasija. Ella estaba recogiendo leña para preparar pan para ella y para su hijo porque no quería morir de hambre. Elías insistió y le dijo que le hiciera una torta pequeña primero a él y luego que hiciera una para ella y para su hijo porque Dios le había dicho que la harina y el aceite no iban a escasear.

    Esta mujer solo tenía a su hijo, pues su esposo había fallecido y tenía la responsabilidad de ser la proveedora de su hogar. Esta situación la llevó a tener preocupación y temor por su futuro pues pensaba que ella y su hijo se morirían de hambre. Pero sucedió algo muy impresionante, a pesar de la situación que estaba viviendo, ella se desprendió de lo único que tenía y los tres comieron por muchos días y no hubo escasez. Esta viuda tuvo una gran fe para creer y confiar en lo que Dios había dicho. Ella se desprendió de lo que tenía, lo entregó todo por ayudar a un desconocido a saciar su sed y hambre, y fue recompensada por Dios y tuvieron alimento en su hogar y no murieron de hambre. Ella vio con sus ojos físicos su situación familiar, la escasez y su soledad, pero decidió creer en la promesa que había recibido. Al hacerlo, soltó su temor al futuro, caminó por fe y no por vista. No tengas temor al futuro porque Dios está contigo, Él guía tus pasos de manera tal que no permitirá que tomes la vereda, por el contrario, te toma de tu mano para caminar y llevarte hacia tu gran destino. Eres una mujer con un propósito divino, ten fe y confía en sus promesas. La ansiedad no te domina porque en Dios hay sanidad y libertad plena. Cuando sueltas la ansiedad, puedes volar con libertad hacia tu destino.

ORACIÓN

Señor, hoy decido soltar la ansiedad, el temor y la preocupación al futuro. Decido confiar en tus promesas, llena mi mente y corazón de tu gran paz. Creo que Tú me tomas de la mano para encaminarme a mi futuro con una nueva esperanza. Guía mis pasos y llena mi vida de fe, gracias, Dios, amén.

PARA REFLEXIONAR

¿Conoces alguna persona que tenga ansiedad y que necesite ayuda?

¿Puedes identificar que padeces de ansiedad?

¿Cuál puede ser la raíz de tu ansiedad?

¿Cómo puedes controlar la ansiedad?

¿Qué técnicas o modificación de conducta utilizarás de ahora en adelante?

Medita en la Palabra y busca nuevas promesas de Dios para ti.

CAPÍTULO 7
UNA HERIDA MORTAL: EL RECHAZO

«Fue despreciado y rechazado: hombre de dolores, conocedor del dolor más profundo. Nosotros le dimos la espalda y desviamos la mirada; fue despreciado, y no nos importó.»
Isaías 53:3 NTV

Los eventos que ocurren a lo largo de nuestra vida dejan una gran huella y tienen un gran impacto en nuestro presente. Las necesidades básicas de una persona se satisfacen por medio del amor, respeto, aceptación y seguridad. Cada persona quiere relacionarse y de ser aceptada, porque es una necesidad básica del ser humano. Las personas que han experimentado sentimientos de rechazo han sido marcadas; es una herida mortal bastante profunda y si no sana, este sentimiento puede acompañarle por el resto de su vida. El rechazo puede ocurrir en cualquier etapa de la vida, desde que está en el vientre de su madre hasta la edad adulta. Cuando ocurre el rechazo durante la infancia, la persona se siente así a lo largo de su vida, y sus relaciones con otros son filtradas basado en el rechazo que recibió en su niñez. Habrá ocasiones en las cuales una se va a sentir rechazada, aunque no esté ocurriendo realmente, esto es así debido a las secuelas del rechazo y por tal razón tiene una percepción distorsionada de su entorno.

El rechazo puede tener múltiples causas como, por ejemplo: rechazo de un hijo no deseado, embarazo a causa de una violación, incesto o adulterio. Cualquiera que sea la circunstancia, el bebé percibe el rechazo desde que está en el vientre de su madre y esto repercute directamente en sus emociones.

El rechazo puede provenir de los padres, de un familiar, amistad significativa o de personas con un rol clave en la vida de la persona. También se puede sentir rechazo mediante un proceso de separación, divorcio, violencia doméstica, infidelidad, traición y abandono. Entre otras formas de rechazo se pueden identificar las críticas constantes, humillaciones, burlas por un defecto físico o enfermedad, comparaciones con otros miembros de la familia, amigos u otras personas, por ser latino, hablar con acento, por las creencias religiosas, por el color de piel, por el lugar de origen, por la edad, por ser muy delgado o por ser obeso, entre otras.

Aquí en Estados Unidos es muy común conocer personas que han dejado a sus hijos en sus países de origen para venir en busca de un mejor bienestar para su familia. En una ocasión tenía una compañera de trabajo que había dejado a su hijo en India para venir a Estados Unidos y dejó a su hijo pequeño con unos familiares por varios años. Este niño creció sintiéndose rechazado por su mamá porque no podía entender por qué ella se había ido y lo había dejado. Cuando su hijo tenía doce años volvieron a reencontrarse y su hijo le expresó que se sentía dolido por su abandono. Esa era la percepción que él tenía, pues al ser solo un niño no podía entender las razones de la separación de su mamá. Este jovencito desarrolló miedo, inseguridad, se pasaba llorando todo el tiempo, no quería estar solo y aquí es cuando esta familia comenzó a recibir ayuda profesional y terapia familiar. Cada persona tiene la necesidad de relacionarse, y lo podemos ver desde el inicio de la creación, en Génesis 2:18 NTV dice:

«Después, el Señor Dios dijo: "No es bueno que el hombre esté solo. Haré una ayuda ideal para él".»

Dios había creado al hombre; él estaba rodeado de animales, de la naturaleza y de la presencia de Dios, pero no tenía otra persona para relacionarse. Aquí puedo entender que Dios nos creó con la necesidad básica de desarrollar relaciones con otros para así tener un sentido de bienestar, por tal razón es importante sentirnos aceptados. Desde el inicio de la creación podemos ver la importancia de las relaciones y la interacción. Cuando leemos las Sagradas Escrituras, podemos ver que Jesús fue un gran ejemplo al relacionarse con todo tipo de personas; también sufrió rechazo y desprecio por parte de mucha gente, era el Hijo de Dios y ni Él mismo pudo evitarlo. Él sabe cómo se siente una persona que ha sido rechazada, porque lo vivió en carne propia. Pero al momento de ir a la cruz, como acto de obediencia entregó el rechazo y la traición que había recibido al decir:

«Padre, perdónalos porque no saben lo que hacen.»

Fue con la ayuda del Padre Celestial que pudo otorgar el perdón a quienes lo habían herido física y emocionalmente.

Esto nos deja una gran enseñanza: solos no vamos a deshacernos de las heridas del rechazo, necesitamos la ayuda de Dios. Por tal razón te invito a acercarte a Dios con todo tu corazón, no tengas temor a ser rechazado, Él te ama y te acepta tal y como eres y quiere sanar la herida mortal que un día recibiste. Puedes ir a los pies de la cruz para entregar y soltar tu rechazo para que puedas encaminarte hacia tu nueva temporada.

¿QUÉ ES EL RECHAZO?

Es el temor de que otras personas no te acepten tal y como eres, con tu forma de actuar y de pensar; es sentirse sin validez ante aquellos que nos importan; es un sentimiento profundo de no ser aceptado. El ser humano necesita relacionarse y sentir que pertenece a un grupo para sentirse bien consigo mismo y experimentar la aprobación, reconocimiento y afirmación de los demás. Cuando esto no sucede es cuando se comienza a sentir rechazo; y una ofensa es la antesala de esta herida mortal.

Alguien que ha sido rechazado va a buscar constantemente el reconocimiento de otros.

SEÑALES DE UNA HERIDA DE RECHAZO

Es importante reconocer que no siempre le vamos a agradar a las personas que están a nuestro alrededor. Todos pensamos y actuamos de forma diferente. La crianza, los valores, la cultura, las creencias religiosas, la familia y las experiencias de la niñez son factores importantes en el crecimiento y desarrollo. Cuando alguien experimenta el rechazo en algún momento de su vida, todas las experiencias las va a filtrar por el cedazo de los eventos pasados. Por tal razón hay cambios en la conducta y en la forma de pensar, porque su enfoque principal está basado en no volver a recibir otra herida mortal.

Hay varias señales que pueden ser indicativos del rechazo, como, por ejemplo:

1. La persona siente insatisfacción de quién es, de lo que tiene y de sus logros alcanzados. Desarrolla un hambre de ser mejor, tener más y alcanzar más cosas para ser aceptado por su entorno. El reconocimiento le imparte una sensación de bienestar y de felicidad.
2. Apartarse y estar solo le imparte cierto sentido de seguridad porque al no tener gente a su alrededor no se expone a ser rechazado. Tener que socializar le causa un poco de ansiedad y esto crea una barrera en las relaciones con los demás.
3. A pesar de estar rodeado de personas y tener amigos, se siente sola porque cree que los demás no son honestos ni sinceros al ofrecerle su amistad. Hay que recordar que está filtrando sus relaciones a través de las experiencias pasadas.
4. Le resulta difícil aceptar la retroalimentación porque lo recibe como un ataque personal. No puede ver las sugerencias positivas de forma constructiva.

5. Cuando tiene gente a su alrededor evita hablar para pasar desapercibido, no le gusta socializar y no quiere pertenecer a grupos para evitar la interacción.
6. No le gusta expresarse abiertamente para evitar que otros sepan cómo verdaderamente se sienten. Mantienen sus sentimientos ocultos y esto dificulta sus relaciones interpersonales.
7. Se sienten confundidos de su identidad debido a que han vivido utilizando máscaras para ser aceptados y no han podido demostrar quiénes son realmente.
8. Hay dolor emocional. Se siente lastimada. Drásticamente corta la comunicación y relación con quien le hirió y con quienes cree que representan una amenaza. Siente mucho coraje, tristeza y deseos de venganza.
9. Desarrolla una baja autoestima, valía y amor propio, por tal razón necesita reconocimiento por parte de los demás para sentirse aceptado.

EDIFICANDO UNA MURALLA DE PROTECCIÓN

El rechazo es una herida muy dolorosa, y los que han experimentado una herida de esta magnitud a lo largo de su vida edifican unas murallas de protección o de defensa para evitar la posibilidad de recibir otra en el futuro. Por tal razón, es normal que la persona prefiera la soledad, para tener menos posibilidades de ser herido y rechazado nuevamente. Al relacionarse se convierten en expertos del camuflaje para pasar desapercibidos, evitando el diálogo y la interacción con los que están a su alrededor. Pero con el pasar del tiempo experimentan frustración porque han aprendido a no ser genuinos y auténticos debido a la muralla de protección que ellos mismos han edificado.

Muchas personas comienzan a imitar la forma de vestir, hablar y actuar de gente famosa o de influencia para ser aceptados por los demás. Para quien ha experimentado rechazo, lo que otros dicen o piensan de ellos determina cómo se sienten con ellos mismos. Pero esta muralla de protección que han levantado tiene una efectividad temporal, solo le sirve al momento de relacionarse con los demás, porque cuando están solos pueden reconocer quiénes son y cómo se sienten.

El solo hecho de pensar que puede recibir otra herida puede causar mucho temor y ansiedad. Pero no puedes seguir viviendo con las murallas que tú misma has creado, hay que salir tras bastidores y enfrentarte a tu realidad. El rechazo es muy doloroso, pero no puedes permitir que te destruya ni te detenga, por el contrario, eres tú quien tiene que tomar el control de tu vida. En vez de enfocarte en los daños que has recibido, comienza a mirar las cosas de una forma diferente, esta situación te ayuda a conocerte mejor a ti misma, a manejar tus emociones y tus impulsos. Acércate más a Dios para que tengas una nueva esperanza en la vida y no tengas temor al futuro ni al relacionarte con otras personas. Si te identificas con lo que estás leyendo, es tiempo de sanar el sentimiento de rechazo para que sanes esa herida mortal que un día recibiste.

EL RECHAZO TAMBIÉN LLEGÓ A MI VIDA

Cuando nací, mis abuelos maternos se convirtieron en mis padres, y fue un gran regalo que Dios me dio porque fueron los mejores del mundo. Ellos sembraron en mí amor, me impartieron seguridad, protección, valores; mami me enseñó a orar, tener fe, creer en Dios y a tener una relación íntima con Dios. La mujer en la que me he convertido hoy es gracias a ellos. ¡Gracias, Dios, por haberme regalado unos padres maravillosos!

Pero a pesar de todo, había una gran realidad de la cual yo no podía escapar. Me sentía rechazada, no aceptada, que no era importante y no podía entender el porqué. Dentro de mi mente de niña tenía muchas preguntas sin respuesta: «¿Por qué vivo con mis abuelos y no con mis padres biológicos?» Toda la vida viví bajo la sombra de ser la nieta de doña Carmen y don Pancho y algunas de mis compañeras de escuela y personas adultas me preguntaban por qué vivía con mis abuelos y dónde estaban mis padres. Yo no tenía la respuesta a sus preguntas. Solo sabía que tenía una madre bilógica que tenía una familia, y un papá que no sabía dónde estaba ni quién era. Podía escuchar a mis amigas en la escuela hablar de sus padres y de su familia, y aquí es donde comencé a preguntarme: «¿Por qué no tengo una familia al igual que los demás? ¿Por qué no puedo tener una familia normal de mamá, papá y vivir con mis hermanos?»

Al llegar a la adolescencia, mis tíos y mis tías comenzaron a decirme:

—Recuerda que tú solo eres nieta y no hija.

Esas palabras resonaban tan fuertes dentro de mí y lo único que venía a mi mente era: «¿Por qué no me quieren, por qué me dicen esas cosas, qué he hecho, por qué me odian?» A lo largo de mi crecimiento y de mi vida adulta, fueron muchas las veces que pude escuchar esa frase. Podía sentir el rechazo a flor de piel y me ocasionaba mucha tristeza e inseguridad. Mi madre biológica estaba casada y yo tenía dos hermanos. Ella vivía con su familia y algunos fines de semana, mi abuela me llevaba a su casa a pasar el fin de semana con ellos. Yo me emocionaba mucho cuando llegaba el fin de semana, pero un día esa felicidad quedó empañada cuando mi padrastro me dijo:

—Vete de aquí y no vengas más porque esta no es tu casa.

Recuerdo que simplemente guardé silencio y nunca le dije nada a mi mamá.

Conocí a mi padre biológico a los dieciocho años y tuve la oportunidad de conocer a su familia y a mis cinco hermanos en la ciudad de Nueva Jersey. Recibí otra herida mortal al no ser aceptada por tres de ellos. Yo solamente me decía: «Yo no pedí nacer, no tengo la culpa de nada, no le voy a quitar a su papá».

Estos son algunos ejemplos de rechazo en mis primeros años de vida, pero te garantizo que aún son muchas más las que puedo contar. Cada vez que era rechazada sentía como si una gran lanza atravesara mi corazón, porque no podía entender el porqué. Sentía un gran dolor, tan profundo y desgarrador que me hacía llorar por largas horas y recuerdo que me desahogaba escribiendo todo lo que sentía; y al terminar de escribir rompía los papeles para que nadie se diera cuenta de mi dolor. Dios y mi almohada eran testigos de mis lágrimas y de lo que causaba el rechazo dentro de mí.

El rechazo fue parte de mi vida desde una edad bien temprana, y esto comenzó a lacerar mis emociones y mi corazón. Quería ser aceptada, reconocida, ser importante para mi familia y para las personas que estaban en mi entorno. Por tal razón comencé a destacarme en mis estudios y a tener buenas calificaciones. Además, comencé a tomar diferentes clases: costura, macramé, tejer, cerámica, manualidades, decoración, floristería, tarjetería, cocina, en fin, hoy día se hacer de todo. En la iglesia me dieron la oportunidad de ser maestra de los niños de tres a cinco años, y en el verano era maestra de manualidades en la escuela de verano. También comencé a desarrollarme en el liderazgo, talleres, hablar en público y en las artes dramáticas. En mi edad adulta, tras estudiar y graduarme de la universidad, comencé a destacarme en mi trabajo, en posiciones administrativas y en el liderazgo del hospital al impartir educación continua a profesionales de la salud. Dentro de mí solo estaba buscando la aprobación y aceptación, tenía una gran necesidad de escuchar que me dijeran: «Qué bien lo hiciste».

Antes no podía entender que todo lo que estaba sintiendo era el producto del rechazo, no sabía que dentro de mí estaba actuando la niña que había sido herida y que solo quería protegerse. La baja autoestima, la inseguridad, el temor, enojo, vergüenza, tristeza, culpa, coraje, aislamiento, perfeccionismo, compulsividad por la limpieza, ansiedad, conductas explosivas, dolor emocional fueron algunos de los resultados. Un día comprendí que no podía continuar viviendo con esa herida mortal, porque me estaba haciendo daño a mí misma, a mi familia y a las personas que estaban a mi alrededor. Comencé a recibir terapia psicológica, consejería pastoral, asistir a un grupo de mujeres de sanidad interior y acercarme a Dios con todo mi corazón. Orar, leer la Biblia, asistir a la iglesia y el activar mi fe me llevó a desarrollar confianza en Dios y en Sus promesas. Creí que Él me amaba, que me aceptaba tal y como soy, con mis virtudes y mis defectos, así pude comprender que Él actuaría a mi favor. Este proceso de sanidad interior tomó varios años, y hoy puedo decir que ya mi herida no sangra, ha cicatrizado, porque solté el rechazo para gritarle al mundo: «¡Soy libre!»

EL RECHAZO AFECTA LA SALUD

Según WebMD, en agosto del 2010, científicos de la Universidad de Los Ángeles, California (UCLA) realizaron un estudio y encontraron que el rechazo desencadena respuestas en el organismo y pueden aumentar el riesgo de padecer enfermedades como asma, artritis, enfermedades cardiovasculares y depresión. Científicos de la UCLA reclutaron a 124 adultos jóvenes sanos para participar en una prueba en laboratorio que buscaba determinar si el estrés del rechazo causa inflamación, que puede tener efectos nocivos sobre la salud física y mental. Los participantes fueron sometidos a pruebas estresantes diseñadas para hacerlos sentirse rechazados. Se tomaron medidas de marcadores de inflamación en muestras de fluidos orales tomadas antes y después de las pruebas. Como resultado descubrieron que a mayor estrés durante el episodio de rechazo su cuerpo mostraba mayor inflamación. Esto es un indicativo que las personas que padecen de rechazo pueden padecer de enfermedades inflamatorias y por tal razón tienen que cuidar su salud.

CÓMO MANEJAR EL RECHAZO

El dolor emocional del rechazo puede robarte tu sonrisa y tu felicidad, este tipo de dolor hay que manejarlo de una forma diferente.

Hoy estamos acostumbrados a ir al médico para que nos recete un medicamento para manejar el dolor físico o simplemente vamos y compramos uno sin receta para sentirnos mejor. Pero no existe ningún medicamento que pueda aliviar el dolor emocional y sanar la herida del rechazo. Presta especial atención a tu autoestima, aprende a valorarte y a reconocer que no necesitas la aprobación de los demás, sé tú misma.

A continuación, algunas recomendaciones que entiendo son efectivas para el manejo del rechazo:

1. Haz una introspección y reconoce si has experimentado algún rechazo en tu vida. Para hacer esto es importante que estés en un lugar tranquilo y sin interrupciones. Busca en ese archivo llamado memoria y haz un recorrido por tu vida.
2. Acepta buscar ayuda. En ocasiones a muchas personas se les hace difícil porque se sienten avergonzados de ventilar sus sentimientos y emociones. Buscar ayuda no quiere decir que eres una persona débil. Busca ayuda profesional de ser necesario a la mayor brevedad posible.
3. Identifica quiénes te rechazaron, puede ser algún familiar, un amigo, en el trabajo o por una persona desconocida.
4. Acércate a Dios para que puedas perdonar; perdonar implica el liberarse del pasado y soltar tu dolor. Primero perdónate a ti misma por tu forma de pensar y actuar,

porque en el camino tú también has herido a otras personas.
5. Perdona a esa persona que te ofendió y que te hirió. El acto del perdón te libera a ti y a esa persona que has tenido encarcelada. El proceso del perdón puede ser un poco difícil, pero te garantizo que al hacerlo, ya no serás la misma persona. Soltarás la carga que has llevado sobre tus hombros.
6. Acepta que no todas las personas te van a aceptar tal y como eres, porque todos somos diferentes. Todos estamos expuestos a ser rechazados en algún momento de nuestra vida.
7. Mira el rechazo de forma positiva, este nos enseña a manejar situaciones difíciles y te capacita para ayudar a personas que han pasado por la misma situación.
8. Verbaliza y ventila tus sentimientos con una persona de confianza, un familiar, una amiga, un pastor o un consejero, así podrás tener la opinión objetiva de otra persona.
9. Entiende que no siempre vas a controlarlo todo y que no puedes controlar la opinión de los demás. Cada persona es un mundo diferente.
10. Busca un grupo de apoyo y te darás cuenta de que no estás sola y que no eres la única lidiando con esta situación.
11. Practica actividades que te ayuden a relajarte y liberar el estrés. Escucha música relajante, sal a caminar, ejercítate, lee un libro, colorea, medita en la Palabra de Dios.
12. Ora, lee la Biblia, asiste a la iglesia, pon en acción tu fe; acercarte a Dios te dará nuevas fuerzas para seguir hacia adelante.
13. No te rindas, agota todos los recursos necesarios para lidiar con esta situación. Cuando algo no funcione como esperas, vuelve a intentarlo de nuevo.
14. No permitas que el rechazo controle tu futuro, acepta que las cosas no siempre van a funcionar de la forma que quieres.
15. Reconoce que es tiempo de sanar y darle un nuevo rumbo a tu vida.

UNA MUJER QUE EXPERIMENTÓ EL RECHAZO

Juan 8:1-7 nos narra la historia de una mujer que fue rechazada por la sociedad y por los líderes religiosos debido a su estilo de vida. Jesús estaba enseñando en el templo a una multitud que se había conglomerado. Y mientras hablaba, los líderes religiosos le llevaron una mujer que había sido sorprendida en el acto de adulterio y la pusieron en medio de la multitud. Estos le dijeron a Jesús que la ley mandaba apedrearla, y le preguntaron:

—¿Tú que dices?

Los religiosos estaban exigiendo una respuesta de Su parte. Y Él dijo:

—Muy bien, pero el que nunca haya pecado que tire la primera piedra.

Todos se quedaron atónitos y muy sorprendidos ante su respuesta. Al escuchar esto las personas que la acusaban se fueron retirando hasta que Jesús se quedó solo con la mujer, y allí le preguntó:

—¿Dónde están los que te acusaban? ¿Ni uno de ellos te condenó? Vete y no peques más.

Esta mujer no solo fue rechazada por la sociedad, sino también por los líderes religiosos de ese tiempo. Al haberla encontrado en pleno acto de adulterio me imagino que utilizaron la fuerza para sacarla del lugar donde estaba y ser llevada delante de Jesús. Son muy pocos los detalles que se mencionan en esta historia, pero creo que al ponerla en medio de la multitud sufrió mucho temor y una gran vergüenza. En ese tiempo las leyes establecían que fuera apedreada hasta morir como consecuencia de sus actos. Esta mujer fue repudiada por las personas que tenía a su alrededor, en ningún momento tuvieron compasión de ella, ellos simplemente querían cumplir la ley. Se olvidaron de que ellos también eran seres humanos con debilidades, defectos y que cada día cometían pecados y tenían que ser perdonados. La respuesta de Jesús fue una muy confrontadora, la cual los llevó a hacer un análisis de sus vidas de una forma rápida pero genuina. Todos tuvieron que abandonar el lugar y olvidarse de lo que establecía la ley. Todos los que la rechazaban se habían ido, ninguno la acusó ni la condenó. Luego de la intervención de Jesús, la vida de esta mujer cambió para siempre, porque había sido perdonada y librada de una condena. Cuando Jesús llega hay un antes y un después, hay sanidad, libertad y transformación.

LLÉNATE DE LA PAZ DE DIOS

En nuestro caminar por la vida vamos a enfrentar dificultades y momentos no muy gratos, los cuales pueden hacernos sentir que estamos en medio de un torbellino del cual no podemos escapar. El rechazo es una de esas dificultades que nos golpea con una fuerza y nos hace sentir indefensas, sin fuerzas para seguir luchando y hasta surgen momentos en los cuales te puedes preguntar. «¿Para que nací?» Pensar en tus experiencias una y otra vez te roba la tranquilidad. Pero ¿qué tal si en vez de enfocarte en lo que dicen los demás, te enfocas en lo que dice Dios y te llenas de Su amor y paz?. Es normal que pasemos por momentos difíciles, es parte de la vida, pero no te confundas, no te desesperes, ni te desanimes, por el contrario, respira profundo y cobra ánimo. Solamente Dios puede impartir la paz que necesitas para vencer- Él venció el rechazo al morir en la cruz por ti y por la humanidad. Permite que Su paz inunde tu ser entero de la cabeza a los pies. Juan 16:33 NTI dice:

«Yo les he dicho estas cosas para que en mí hallen paz. En este mundo afrontarán aflicciones, pero ¡anímense! Yo he vencido al mundo.»

Dios tiene un gran regalo para ti en este día, y es algo muy especial, porque Él sabe lo que realmente necesitas: paz en la mente y en el corazón. Paz en la mente para detener esos pensamientos que muchas veces te perturban, no te dejan tranquila y te quitan el sueño. Paz en el corazón para que puedas confiar en Dios y reconocer que solo Él con Su amor y paz puede sanar tus heridas. Su paz es el aliciente que necesitas para mitigar todo lo que estás sintiendo en tu interior. Juan 14:27 NTV dice:

«Les dejo un regalo: paz en la mente y en el corazón.
Y la paz que yo doy es un regalo que el mundo no puede dar.
Así que no se angustien ni tengan miedo.»

Medita en esta palabra que Dios tiene para ti. Él está contigo en cada momento de tu vida, no te deja sola, por tal razón puedes ir a Él confiadamente. Abre tu corazón y pídele que te llene de Su inmensa paz y recibe ese gran regalo. Al recibir Su paz soltarás todo lo que te ha mantenido estancada y podrás mirar el futuro con una nueva esperanza. Suelta tus heridas, extiende tus alas y alza vuelo porque hoy recibes sanidad y libertad plena.

ORACIÓN

Señor, he sido herida y lastimada con el rechazo, solo Tú sabes cuánto dolor esto me ha causado. Desde que ese evento sucedió no he vuelto a ser la misma. Sana mi corazón herido, ayúdame a perdonar a mis ofensores. Llena mi vida de tu amor y paz, devuélveme la alegría y la felicidad que un día perdí. Creo que tienes el control absoluto de mis emociones y de mis pensamientos. Hoy suelto el rechazo que recibí, quiero ser libre, amén.

PARA REFLEXIONAR

¿Puedes identificar algún evento de rechazo en tu vida?

¿Cuándo ocurrió?

¿Quiénes fueron las personas que te hirieron y rechazaron?

¿Cuáles son esas emociones, sentimientos que puedes identificar como consecuencia del rechazo?

¿Cómo cambió tu vida y tu conducta a consecuencia del rechazo?

De ahora en adelante, ¿qué cosas vas a cambiar en tu estilo de vida?

¿Qué has aprendido durante este proceso?

CAPÍTULO 8
LA IMAGEN EN EL ESPEJO: LA AUTOESTIMA

«Tú creaste mis entrañas; me formaste en el vientre de mi madre. ¡Te alabo porque soy una creación admirable! ¡Tus obras son maravillosas, y esto lo sé muy bien!»
Salmo 139:13-14 NVI

Tener una autoestima saludable es de vital importancia y fundamental para nuestro bienestar y satisfacción. Nos imparte valor, seguridad, aceptación de nosotras mismas y confianza, lo cual nos impulsa a lograr nuestras metas. La construcción de la autoestima se inicia desde la infancia y hay varios factores que contribuyen a su desarrollo, tales como: la comunicación, el afecto, la convivencia familiar y el establecimiento de relaciones positivas. La autoestima es importante porque es una base o fundamento sobre cómo nos sentimos con nosotros mismos.

La sociedad establece que la imagen de una persona define el éxito y la felicidad. Pero aunque esta premisa no sea cierta, tiene una gran influencia. Esto lo podemos ver en la televisión, en el cine, en los comerciales, en las portadas de las revistas, en las posiciones en los trabajos, en los centros comerciales, en ciertas profesiones y en las redes sociales, por mencionar algunas. Aquí es cuando comienza el gran problema, porque comenzamos a evaluarnos y a medirnos con las imágenes y los estándares que percibimos, y esto puede llevarnos a pensar que lo que se proyecta es lo adecuado y correcto. Y cuando te miras en el espejo te das cuenta de que la imagen que ves no es igual, y ni siquiera se parece a lo que se está proyectando. Esto puede llevar a algunas personas a tener una distorsión de su imagen y comenzar una competencia entre lo que ve y lo que percibe, porque quiere imitar a esa imagen sin importar lo que tenga que hacer. La imagen que tenemos de nosotras mismas en ocasiones determina cómo nos relacionemos con otras personas y conmigo misma.

Es muy interesante observar a las personas cuando están en lugares públicos frente a un espejo, muchas se miran de todos los ángulos, otras se arreglan el cabello, el maquillaje, se ajustan la ropa y otros se arreglan el saco y la corbata. Hay quienes disfrutan mirarse en el espejo continuamente, pero por el contrario hay otras que lo odian. En el espejo podemos ver nuestra imagen tal y como somos, y en ocasiones nos va a agradar la imagen, pero en ocasiones no. Cuando la imagen que ves no te agrada puede corresponder a múltiples razones y una de ellas puede ser la percepción que tienes de ti misma. Hay situaciones del pasado que pueden haber provocado una herida muy dolorosa y como consecuencia hay una distorsión de tu imagen.

Pero hoy tengo buenas noticias para ti, quiero que sepas que Dios es el que define nuestra imagen desde el inicio de la creación; en Génesis 1:27 NTV dice:

«Así que Dios creó a los seres humanos a su propia imagen. A imagen de Dios los creó; hombre y mujer los creó.»

Esto significa que tú y yo tenemos un valor incalculable y que no lo pueden definir las personas ni la sociedad, porque Dios te creó en el vientre de tu madre, te impartió aliento de vida y te hizo una persona admirable y maravillosa. No hay otra persona en el mundo como tú, eres única y eso te hace muy especial. Y no tan solo te creó, sino que te entregó una herencia de reino, porque Su amor por ti es incomparable. En 1 Pedro 2:9 NVI dice:

«Pero ustedes son linaje escogido, real sacerdocio, nación santa, pueblo que pertenece a Dios, para que proclamen las obras maravillosas de aquel que los llamó de las tinieblas a su luz admirable.»

Nuestro valor no depende de nuestra apariencia, de nuestros logros, de los títulos, del conocimiento o posesiones. Dios, a través de Su inmenso amor, nos otorgó un valor que va más allá de lo que podemos imaginar. Tienes un valor incalculable.

Dios define tu imagen porque Él te formó y sopló aliento de vida, te conoce desde el vientre de tu madre. Ha estado contigo durante cada etapa de tu vida y nunca te ha dejado sola ni un solo momento. Te hizo hermosa, inteligente, te regaló grandes talentos y una bella sonrisa para que fueras única y especial. Quizás en tu viaje por la vida, al transitar por las diferentes estaciones, te hayas encontrado con ciertas dificultades las cuales hayan cambiado tu forma de pensar sobre ti misma y en la forma de cómo te percibes. No te descalifiques, porque Dios quiere que recuperes la autoestima con la cual fuiste diseñada desde tu nacimiento. Decide soltar todo lo que distorsiona tu imagen para que recibas sanidad interior y experimentes una libertad plena porque naciste para ser libre.

¿QUÉ ES LA AUTOESTIMA?

La Real Academia Española dice que la autoestima es la valoración y aceptación que una persona tiene de sí misma. Y esto va a la par con los pensamientos, sentimientos, experiencias del pasado, con tu autoimagen y la aceptación de ti misma con tus virtudes y defectos.

En una ocasión, en una conferencia sobre la autoestima, conocí a una persona que me dijo que no tenía espejos en su casa porque no toleraba ver su imagen y que nunca permitía que le tomaran fotos. Me he encontrado con muchas personas igual a ella y esto es más común de lo que puedes imaginar. Quizá eres una de ellas o conoces a alguien que tenga este mismo problema. Y te pregunto: Cuándo te miras en el espejo, ¿qué sientes? ¿Te sientes cómoda con la imagen que percibes? ¿Cuáles son las emociones que afloran? A la mayoría de las personas no le agrada su imagen.

LA DISTORSIÓN DE LA REALIDAD

La construcción de la autoestima se inicia desde la niñez y continúa a lo largo del crecimiento y desarrollo de una persona. Las vivencias durante la crianza, el entorno familiar, las palabras que nos dijeron, las relaciones y la aceptación de otras personas van formando un fundamento sobre nuestra autoestima. Todo esto envía mensajes a nuestro subconsciente y va creando la imagen que tenemos de nosotros mismos. Cuando estamos rodeados de personas que nos aman, nos demuestran cariño, nos imparten palabras de afirmación y nos aceptan, todos estos reforzadores positivos resultarán en una persona con una autoestima positiva.

Pero si, por el contrario, tuviste experiencias que te marcaron —como el vivir separado de tu núcleo familiar, rechazo, nacimiento con alguna enfermedad, entorno lleno de violencia, el divorcio o separación de tus padres o la muerte violenta o repentina de una persona significativa, un ambiente familiar el cual hubo uso de sustancias tales como el alcohol y drogas, haber sido abusada o tocada por algún adulto en tu niñez o un embarazo no deseado, víctima de *bullying*, comparación con tus hermanos o con otras personas—, como resultado cuando te miras al espejo creas una distorsión de la realidad y en realidad no te puedes ver tal y como eres.

LA IMAGEN EN MI ESPEJO

Desde que era pequeña nunca me gustó mirarme en el espejo, odiaba mi imagen; para serte honesta, no recuerdo a qué edad me di cuenta de esta situación. Ir a las tiendas a comprar ropa para mí era una verdadera tortura porque los probadores estaban llenos de espejos en diferentes ángulos. Al mirarme en el espejo no me gustaba mi cabello, mis facciones, mi cuerpo ni la ropa que tenía; y cuando miraba mi imagen solo podía resaltar las cosas negativas y nunca pude mencionar ni una sola cualidad positiva. Por tal razón me gustaba estar sola. Te confieso que me gustaba mucho mi soledad y la convertí en mi zona de seguridad. Hoy puedo entender que esa imagen se fue formando desde que estaba en el vientre de mi madre y se fue desarrollando durante mi niñez, adolescencia y aun en mi adultez. Hubo muchos factores que influyeron negativamente en la forma que me percibía y en el desarrollo de mi autoestima, por tal razón percibía una imagen distorsionada de mí misma. Percibía todo aquello que mi mente decía, aunque estuviera muy lejos de la realidad.

Vengo de una familia disfuncional y me sentía rechazada, lo cual alimentaba mi baja autoestima. Al llegar a la adultez, el diagnóstico de infertilidad, los fracasos en el área sentimental, el rechazo de personas significativas en mi vida, condiciones de salud, las burlas y las traiciones recibidas siguieron alimentando mi baja autoestima. Esto me estaba destruyendo mi interior, porque yo misma, no podía aceptarme ni amarme.

En ese tiempo yo no asistía a ninguna iglesia pues luego de terminar mis estudios universitarios, comencé a trabajar turnos rotativos en el hospital y trabajaba los fines de semana y en ocasiones turnos de dieciséis horas y esa fue mi gran excusa para no congregarme. A pesar de mi estilo de vida, yo sabía que necesitaba una intervención divina para cambiar el curso de mi vida. Necesitaba con desesperación soltar todo el cansancio, agotamiento emocional y la tristeza que me embargaba. Pero un día algo sucedió, estaba trabajando un segundo turno en el hospital y un doctor que trabajaba conmigo me preguntó mi nombre, yo le dije:

—Mi nombre es Evelyn de Jesús.

—Tú eres una mujer doblemente bendecida porque eres de Jesús dos veces: de apellido y porque le perteneces a Él. No tienes una idea de lo que Dios hará contigo. Dios va a hacer grandes cosas en tu vida porque te marcó desde que estabas en el vientre de tu madre —me contestó.

Yo bajé la cabeza y no le dije nada porque me había tomado por sorpresa. Esas palabras que escuché en el momento que menos lo esperaba, marcaron mi vida positivamente porque de ahí en adelante comencé a asistir a la iglesia y a buscar de Dios con todo mi corazón. Me hice parte del grupo de mujeres y comencé a tomar clases dos veces al mes de sanidad interior, bajo el título: «Para ti, mujer bella». Ese fue un gran tiempo de aprendizaje. Las tareas y los talleres me ayudaron a identificar que tenía un serio problema de baja autoestima. Pude reconocerlo y acepté la terapia psicológica y consejería que me brindaron. El proceso fue bastante largo, pero me ayudó a soltar todo ese peso que llevaba sobre mis hombros por muchos años. Hoy puedo mirarme al espejo sin temor y te garantizo que ya no veo la misma imagen que antes. Hoy puedo ver a una mujer totalmente diferente: hermosa, con mucha paz interior, llena de alegría y con una gran sonrisa. Ya no dependo de lo que la gente pueda pensar o decir, sino de lo que Dios dice que soy. Hoy entiendo con claridad que soy amada, valorada, aceptada y le pertenezco a Dios. Solté la imagen que veía en el espejo porque aprendí a verme como Dios me ve. Te animo a que identifiques cuál es la imagen que ves en el espejo para que veas si tienes baja autoestima o si conoces a alguien que puedas ayudar. Recuerda, Dios es el que define tu imagen y Él desea devolverte la sonrisa que un día perdiste.

NIVELES DE AUTOESTIMA

Estoy segura de que a lo largo de tu vida te has encontrado con varias personas que se han destacado por la seguridad y confianza que transmiten, y esto se debe a su autoestima. Pero por el contrario, hay quienes son muy inseguras, temerosas, que se sienten muy nerviosas y aquí es cuando podemos reconocer a simple vista que hay algo que no anda bien. Rápidamente podemos identificar que ella tiene un gran problema. Podemos establecer que hay varios niveles de autoestima, pero debe haber un balance.

Autoestima alta: Es cuando la persona tiene una valoración positiva de sí misma, confía plenamente en sus capacidades, se siente orgullosa de sí misma y le gusta que otros la reconozcan. Alguien con una autoestima alta se caracteriza por:

1. Ser segura y con confianza en ella misma. Esto hace que pueda enfrentar situaciones complicadas o cuando se representa un reto en su vida. Puede salir adelante a pesar de la adversidad, le gusta hablar delante del público, puede entablar una conversación con desconocidos, se le facilita hacer amistades.

2. Reconoce sus fortalezas, debilidades y aspectos en los cuales puede mejorar y se enfoca a trabajar para superarse. No pierde las oportunidades y puede salir de su zona de conformidad para lograr sus metas.

3. Es independiente y no necesita de otra persona para hacer las cosas. Es un líder natural; la autoestima eleva la capacidad de liderazgo. Es dinámica, tiene grandes expectativas, toma decisiones y no tiene temor a la responsabilidad.

4. Es muy eficiente y en ocasiones puede ser competitiva en diferentes áreas de su vida. En ocasiones se destaca en su trabajo en posiciones administrativas y de alta responsabilidad, al igual que en los deportes.

5. Se involucra activamente en actividades porque siente un alto grado de compromiso. Cree que sus acciones pueden marcar una diferencia. Participa en la planificación y desarrollo de actividades, y da lo mejor para que todo salga bien.

6. Le gusta ayudar a otras personas y esto le hace sentirse positiva sobre ella misma. También quiere contagiar a otros con su alegría y optimismo.

7. Tiende a ser autosuficiente, lo que le hace sentir cierto grado de comodidad. No le gusta depender de nadie en ninguna área de su vida.

8. Se acepta a ella misma sin importarle la aprobación de los demás en su entorno. Sabe lo que quiere en la vida.

9. Tiene la fortaleza de expresar sus emociones y sentimientos sin sentir vergüenza.

10. No se deja manipular con facilidad por los que la rodean. Le gusta llevar el control de la situación.

11. Sabe cuándo establecer límites o decir que no.

Autoestima baja: La persona no puede tener un juicio objetivo acerca de ella misma.

1. Tiene una sensación de no ser suficiente. Puede sentir que no es suficientemente capaz, talentosa o inteligente para alcanzar sus metas y objetivos.

2. Siente poca confianza en ella misma y en la toma de decisiones. Esto ocasiona que se sienta insegura en nuevas situaciones.

3. Necesita de la aprobación de otras personas para sentirse bien. Puede sentir ansiedad y preocupación por la opinión ajena.

4. Se compara constantemente con los demás y siente que no está a su altura.

5. Se enfoca más en sus debilidades o errores y minimiza sus fortalezas y logros.

6. Evita enfrentarse a nuevas situaciones y desafíos por temor al fracaso.

7. Se siente poco importante y se percibe de una forma negativa.

8. Siente inseguridad en las relaciones interpersonales, en establecer relaciones saludables y satisfactorias. Siente que no es merecedora de amor y afecto.

9. Es tímida para hablar con otros y en especial para hablar frente a un grupo.

10. Se desanima con facilidad ante el primer obstáculo que se le presenta.

Tomando en consideración estos niveles de autoestima es importante tener un balance adecuado el cual le permita a la persona sentirse bien y pueda funcionar adecuadamente.

EXPERIENCIAS QUE AFECTAN LA AUTOESTIMA

Nadie nace con una baja autoestima, sino es algo que se va forjando desde la niñez y sigue durante las etapas de crecimiento y desarrollo. Hay muchas experiencias que pueden afectar la autoestima de una forma considerable.

1. **Experiencias traumáticas en la infancia:** Maltrato, rechazo, violencia en el hogar, muerte de un padre, divorcio, uso de sustancias, descuido físico y emocional y crítica constante son algunas de las experiencias que afectan negativamente la percepción personal.

2. **Heridas de apego:** Son heridas emocionales recibidas en la niñez y se manifiestan en la edad adulta por medio de patrones disfuncionales en las relaciones personales. Esto trae falta de aceptación. Entre estas se encuentra: el abandono, rechazo, recibir ofensas que lastiman de personas significativas (mamá, papá o hermanos).

3. **Mensajes negativos y situaciones de crisis durante la adolescencia:** Como, por ejemplo, comparaciones con otras personas, comentarios negativos o expectativas muy altas por parte de los padres.

4. **Aislamiento y soledad:** La falta de interacción social afecta la percepción personal.

5. **Presiones culturales y sociales:** Algunos de estos pueden ser tu lugar de nacimiento, tu color de piel, religión, tu origen, la belleza física, nivel socioeconómico y nivel de popularidad.

6. **Experiencias con fracasos y dificultades en el trayecto por la vida:** Como por ejemplo: estudios, trabajo o relaciones interpersonales.

7. **Autocrítica excesiva:** Tendencia a enfocarse en los errores y debilidades antes que en las fortalezas.

8. **Experiencias traumáticas o negativas en la edad adulta:** Como, por ejemplo: violencia de pareja, acoso laboral, discriminación, accidente o muerte de un ser querido.

9. Problemas emocionales: Ansiedad, depresión, trastornos de alimentación o el padecimiento de alguna enfermedad.

10. Falta de sanidad interior

UNA MUJER CON BAJA AUTOESTIMA

Había una mujer que había estado encorvada por dieciocho años y de ninguna manera se podía enderezar. Me imagino la situación tan difícil que tuvo que haber pasado durante todo ese tiempo, porque ella se la pasó mirando al suelo, a las sandalias, los pies polvorientos y de fango de las personas, sin poder ver a las personas a su cara ni a los ojos porque no se podía enderezar. Puede ser que estuviera adolorida por su postura. En ese tiempo cuando alguien tenía problemas físicos, muchos pensaban que era un castigo por sus pecados. Pero hoy sabemos que hay personas que nacen con diferentes condiciones físicas o que se pueden adquirir al pasar el tiempo. Puedo pensar que, por tener esa condición física, había sido objeto de burla, rechazo, crítica y hasta haber sido juzgada injustamente. ¿Te puedes imaginar cómo se sentía esa mujer? Estoy segura de que ella tenía una baja autoestima por su apariencia física.

Pero un día ella fue a la sinagoga y allí Jesús estaba enseñando. Él la vio y le dijo:

—Mujer, eres libre de tu enfermedad.

Luego la tocó y al instante fue sanada y pudo enderezarse. Ella alabó a Dios por el gran milagro que le había entregado.

En la historia de esta mujer hay algo que me llama mucho la atención, dice que Jesús la miró y la llamó. Su gran amor y compasión lo llevó a fijarse en esta mujer que estaba llena de vergüenza y tristeza por su aspecto físico y por sus limitaciones. Al decirle: «Mujer, eres libre», no solo la sanó de su condición física, sino también sus emociones y de su forma de pensar. Este acto llevó la autoestima de esta mujer a otro nivel, porque no tan solo pudo enderezarse, sino que alabó a Dios por el milagro que había hecho en ella.

No puedes seguir caminando tan apresuradamente. Es tiempo de que cambies el rumbo de tu vida. Puede ser que te encuentres en un momento muy difícil y Dios pone Su mirada en ti y te llama para que hagas una pausa y le prestes toda tu atención, porque hay algo que Él desea hacer en ti. Puede que no tengas una joroba como esta mujer, pero tu imagen y tus emociones están distorsionadas y no puedes percibirte tal y como eres. Esta es la causa por la cual no puedes amarte ni aceptarte. Suelta todo aquello que impide que tus ojos puedan ver la realidad; es tiempo de recibir sanidad interior y que recibas la libertad plena que solo Dios puede darte. Hoy Dios te mira y te dice: «Mujer, eres libre...», libre de tu baja autoestima, libre de tu dolor, de tu tristeza y tu vergüenza. Él transforma tus pensamientos de manera tal que tus pensamientos van acorde con la imagen que vez en el espejo. Libre de lo que otros piensen y digan de ti porque ahora será más importante lo que Dios dice de ti. Él dice que eres una mujer valiosa, que eres importante para Él, eres amada, aceptada y que tienes un gran propósito divino. ¡Mujer, quiero que sepas que naciste para ser libre! Decide soltar tu baja autoestima para que vueles y experimentes una libertad plena.

¿QUÉ VES EN TU ESPEJO?

Mirarnos en el espejo es parte de nuestra rutina diaria y lo hacemos de una manera rápida; pero es importante que puedas detenerte a mirarte para ver qué es lo que tus ojos físicos y tu mente pueden percibir a través. Esto quizás puede parecerte un poco impresionante, pero hay muchas personas que no se ven ni se perciben como realmente son. Un ejemplo es cuando una persona delgada se mira en el espejo y la imagen que percibe es de ella con sobrepeso, no puede ver su imagen real. Cuando esto sucede en la gran mayoría de los casos ocurren desórdenes alimenticios tales como la anorexia y la bulimia. En otros casos puede ser que no se consideren bonitas, que no les guste alguna parte de su cuerpo, su cabello, su busto, sus piernas delgadas, sus caderas muy anchas, sus brazos muy largos, la forma de sus labios, su color de piel o quizás el que hayan nacido con un defecto físico.

Para que puedas sanar es importante que des un viaje a tu pasado para identificar las personas o situaciones que te ofendieron, te lastimaron y te hirieron. La baja autoestima comienza con una ofensa realizada por una persona significativa o desconocida. Reconocer qué te hirió te ayudará a entender y definir el concepto y la imagen que tienes de ti misma. Esas serán las herramientas que utilizarás para construir el fundamento de tu nueva imagen. Luego, necesitarás cerrar ciclos, soltar y dejar ir todo aquello que te hirió y te lastimó. Durante este nuevo resurgir es importante que aceptes tus fortalezas, virtudes y talentos porque esto te ayudará a desarrollar amor por ti, te añadirá mucho valor, de esta manera podrás reconciliarte contigo misma y aceptarte tal como eres. El pasado no lo puedes cambiar, pero el presente y el futuro dependen de ti.

Acércate a Dios y cree en Sus promesas, porque Él es que define nuestra imagen, en 2 Corintios 5:17 NTV dice:

«Esto significa que todo el que pertenece a Cristo se ha convertido en una persona nueva. La vida antigua ha pasado; ¡una nueva vida ha comenzado!»

Dios te ama tanto que quiere que lo tomes de la mano para que te encamines a tu nueva vida. Hay una verdad que te hace libre de tu pasada manera de vivir: Dios envió a Su único Hijo a morir en una cruz por el perdón de nuestros pecados para darnos salvación y vida eterna. Su muerte en la cruz nos ha hecho libre del pecado y de la condenación eterna. El incomparable amor de Dios nos entrega la oportunidad de reconstruir nuestras vidas y comenzar de nuevo. A los pies de la cruz encuentras la respuesta que tanto necesitas; hay perdón, sanidad y liberación.

Si deseas aceptar esta gran verdad que te hace libre, haz esta oración:

ORACIÓN

Señor, quiero recibir la verdad que me hace libre, te acepto como mi Salvador. Creo que moriste en la cruz para otorgarme el perdón de mis pecados, salvación y vida eterna. Ya no quiero vivir como hasta ahora lo he hecho, reconstruye mi imagen, suelto mi baja autoestima y quiero comenzar una nueva vida contigo. Te tomo de la mano para caminar esta nueva vida en ti, amén.

PARA REFLEXIONAR

Al mirarte en un espejo, ¿Cuál es la imagen que percibes en el espejo, cómo te ves?

¿Cuáles son los pensamientos que vienen a tu mente al mirar tu imagen?

¿Cuáles son los sentimientos o emociones que puedes sentir en ese momento?

¿Crees que hay alguna distorsión en tu imagen?

¿Puedes mencionar cualidades positivas al mirarte en el espejo?

¿Puedes reconocer cuáles fueron las situaciones que afectaron tu autoestima?

CAPÍTULO 9
ESCONDIDA EN MI PROPIO MUNDO: LA VERGÜENZA

«Debido a que el SEÑOR Soberano me ayuda no seré avergonzado. Por lo tanto, he puesto el rostro como una piedra, decidido a hacer su voluntad. Y sé que no pasaré vergüenza.» Isaías 50:7 NTV

Estamos viviendo en una época donde muchas veces no podemos diferenciar lo que es real de lo irreal. Es la era de la tecnología, de las redes sociales, de tratar de influenciar a otros por medio de la forma en que te proyectas. Es el tiempo donde las personas se alimentan de los likes o «me gusta» que reciben, de cuántos seguidores tienen y de cuántas personas se detuvieron a ver su publicación. Donde las imágenes son alteradas por medio de filtros y puedes editar las fotos de manera tal que puedes recrear una nueva escena. En muchas ocasiones se entra en un mundo irreal que atrapa a las personas y se les hace muy difícil salir de ahí. Y es de conocimiento público que hay muchos perfiles falsos con fotos e historias que nos son reales, lo cual ha causado muchos problemas relacionales, emocionales; algunos han quedado con el corazón roto y otros han sido víctimas de crímenes. Por otro lado, hay un grupo de personas que utiliza las redes sociales para exponer sus fotos reales, su familia, sus logros, momentos de alegría y hasta cuando están pasando por situaciones de enfermedad y de dificultad. Para muchos es la forma de comunicarse con sus familiares y amigos los cuales viven lejos de ellos.

También están quienes utilizan las redes sociales de forma honesta, con un buen fin, como método de trabajo, brindando ayuda, apoyo, motivación y proveyendo diferentes servicios a tantas personas que lo necesitan. No sé con qué grupo te identificas, pero lo más importante es crear un balance y no caer en una disfunción. Pero hoy quiero prestarle atención a una situación que cada día va en aumento. Muchas veces las personas han perdido el control; y es cuando se utilizan estos medios para esconder quiénes son; como por ejemplo mostrar que son la persona más feliz del mundo cuando la realidad es que la soledad y la tristeza los embargan, que no tienen amigos reales sino virtuales. Al mostrar la mejor familia del mundo y la realidad es que quizás están pasando por una separación, un divorcio, por un proceso de infidelidad o aun quizá por un abandono. Que son las personas más extrovertidas del mundo cuando es todo lo contario, su timidez es tan grande que se proyectan como la persona que realmente quisieran ser. En mi opinión, la realidad es que muchos se esconden detrás de todo esto por el temor al rechazo o para evitar ser juzgados. Muy dentro en su interior, están buscando aceptación y reconocimiento.

En algún momento de nuestra vida hemos cometido errores, tomado malas decisiones, fracasado en algún proyecto o meta y nos hemos equivocado. Pero quiero que sepas que todo esto es necesario para nuestro crecimiento, porque aprender lecciones de vida es algo de cada día. La distorsión comienza cuando nos escondemos detrás de una mentira para mitigar nuestro dolor porque no queremos mostrar a otras personas nuestra vulnerabilidad, esto nos hace sentir débiles e indefensas. Para muchas personas es mejor esconder su vergüenza, pero esto es muy peligroso, porque esta no llega sola, sino que viene muy bien acompañada. Pero hoy es un día lleno de esperanza y de buenas noticias: Dios está para ayudarte, sé tú, muestra tu mejor versión, entrega lo que tanto te ocasionó vergüenza en el pasado, porque Él te acepta tal y como eres. Suelta la vergüenza para que puedas volar alto, no permitas que nada te detenga. El día de volar alto finalmente llegó.

LA PRIMERA VERGÜENZA

En Génesis 3:6-7 nos relata la historia de Adán y Eva en el jardín del Edén. Ambos estaban desnudos, pero no se habían dado cuenta. Mas al comer del fruto que Dios les había prohibido, entró el pecado por su desobediencia y sus ojos fueron abiertos en una dimensión diferente; por primera vez se dieron cuenta que ambos estaban desnudos. Desde este momento en adelante, el hombre y la mujer sintieron vergüenza; buscaron hojas de higuera y las cosieron para cubrir su desnudez. Tomaron la decisión de esconderse entre los árboles. Dios llamó a Adán y le preguntó:

—¿Dónde estás?

A lo cual él respondió que tuvo miedo porque estaba desnudo y se escondió.

Por primera vez en la historia de la raza humana podemos ver al hombre y a la mujer sintiendo vergüenza. Ocurrió un acto de desobediencia que desencadenó el pecado en la humanidad y este a su vez trajo consecuencias: vergüenza y temor. Adán y Eva querían ocultar su vergüenza y tener el control de la situación, por tal razón decidieron esconderse y crear una imagen falsa detrás de la vestimenta que habían creado. Luego comenzaron a responder con argumentos porque querían desplazar la culpa que ambos sentían y ninguno quería hacerse responsable de la falta que habían cometido. La vergüenza no llegó sola, llegó muy bien acompañada del temor, por tal razón se escondieron; temían las consecuencias de sus acciones al no obedecer las instrucciones que les habían sido impartidas. Y desde ahí en adelante ya no volvieron a ser los mismos, su relación con Dios y la comunicación que siempre había existido desde su creación, ahora se encontraba fragmentada. Cuando recapitulamos sobre nuestras vidas y encontramos que hemos pasado por un evento que nos ha causado vergüenza, nosotros también utilizamos los mismos mecanismos de defensa que ellos utilizaron. Queremos ocultar la vergüenza para evitar ser rechazados, porque una de las necesidades básicas del ser humano desde la niñez es la aceptación. Para evitar el rechazo, muchos se esconden mostrando un estilo de vida, una apariencia, un estatus social contario al que realmente tienen para poder ser aceptados. Aquí es cuando la vergüenza y el temor hacen hospedaje en las emociones, los acorrala y comienza a crearse una distorsión en la conducta. En muchas ocasiones se adoptan nuevos estilos de vida los cuales no son los más saludables, ni para la persona ni para quienes le rodean.

En Salmos 34:5 NTV dice: «Los que buscan su ayuda estarán radiantes de alegría, ninguna sombra de vergüenza les oscurecerá el rostro.»

Si decidiste leer este libro es porque has reconocido que necesitas ayuda en algún área de tu vida y quieres tener sanidad interior y alcanzar la libertad plena. Al sanar te garantizo que recibirás una gran paz y un gozo que hará que tu rostro brille y esté radiante de alegría. El antídoto de la vergüenza es entregársela a Dios para que Él la disipe. Él es la ayuda que necesitas para recibir una nueva identidad y adquieras valor y confianza en ti misma. Tus pasos serán afirmados para que camines con tu frente en alto, con plena confianza y para que puedas sonreír nuevamente sin temor. Tu transformación te encaminará hacia tu propósito.

¿QUÉ ES LA VERGÜENZA?

El Diccionario de la Real Academia define la vergüenza como una turbación del ánimo ocasionada por la conciencia de alguna falta cometida o por alguna acción deshonrosa y humillante. Un diccionario de psicología dice que la vergüenza es un sentimiento de humillación que surge con la percepción de que actuamos de manera incorrecta. Es una emoción desagradable que está vinculada a la autoestima y nos lleva a esconder nuestras fallas cuando pensamos que no estamos actuando correctamente. En mi opinión, la vergüenza es el temor o miedo de mostrarnos tal y como somos, con nuestras virtudes y defectos. En la niñez recibimos mensajes de nuestros padres y en el núcleo familiar aprendemos a manejar nuestras emociones y a expresar nuestros sentimientos. Todos en algún momento hemos experimentado episodios de vergüenza con mayor o menor intensidad. Y cuando sucede el evento respondemos de forma inmediata: con rubor en nuestras mejillas, cubriéndonos el rostro, con una señal no verbal de desaprobación e incomodidad, el cuerpo se torna tenso, palpitaciones, nerviosismo o sudoración en las manos, por ejemplo. Y esta respuesta en realidad es una señal de alarma que nos indica que algo está sucediendo. Luego del evento que nos causa la vergüenza nos provoca no querer ser vistos o expuestos, y lo primero que viene a nuestra mente es: «¿Qué dirán de mí? ¿Qué van a pensar de mí?» Muchas veces hubiéramos querido ser invisibles para pasar inadvertidos y así poder desconectarnos del mundo, por temor a demostrar quiénes realmente somos.

¿CÓMO SE PUEDE MANIFESTAR LA VERGÜENZA?

Cuando hemos cometido una falta podemos sentir vergüenza porque nuestra voz interior nos grita que hemos fallado. En ocasiones esto causa que la persona se paralice y no pueda cumplir sus metas ni sus sueños. Otros permiten que la vergüenza los defina y establecen estilos de vida y toman decisiones que nos son las más adecuadas. Muchos tratan de escapar de su realidad refugiándose en el alcohol, drogas, adicción a las redes sociales, a medicamentos tales como narcóticos o a sustancias medicinales. La autora e investigadora Dr. Brené Brown describe la vergüenza como «la sensación o experiencia intensamente dolorosa de creer que somos defectuosos». Thomas Scheff, profesor de UC de Santa Barbara, escribió en la revista *Cultural Society* que la vergüenza es «la emoción más oculta que una persona puede tener». Hay quienes han sentido tanta vergüenza como resultado de sus acciones que se les ha hecho muy difícil canalizar esta emoción y han terminado quitándose la vida. Cuando estaba en mi último año de secundaria tenía un compañero que era hijo único; era callado y tímido, pero muy talentoso en la música. Se había enamorado de una muchacha y ella no le correspondió, para él fue tanta la vergüenza y el rechazo que sintió cuando sus amigos comenzaron a burlarse de él, que terminó quitándose la vida. Todos nos quedamos atónitos del desenlace de esta situación. En otra ocasión, tuve una compañera de trabajo que estaba casada e inesperadamente se enteró de que su esposo le había sido infiel con una persona del mismo sexo y ella, por vergüenza, renunció al trabajo. Luego de esto tomó la decisión de refugiarse en su hogar y no volver a socializar con otros, rehusó recibir ayuda y desarrolló problemas alimenticios serios y problemas mentales. La vergüenza que sintió fue tan fuerte que decidió escapar del mundo y de su realidad. Luego de saber lo que significa la vergüenza creo que estás lista para identificar si has pasado por algún evento que te haya provocado vergüenza, ya sea porque tus acciones fueron erróneas, quizá fuiste partícipe en algo que humilló a alguien o porque alguien te hizo vivir una experiencia vergonzosa. Hoy es un buen tiempo para ir al pasado y reflexionar sobre ese momento. Reconcíliate contigo misma y perdónate, no permitas que ese sentimiento te siga golpeando en la esquina del cuadrilátero hasta cortarte la respiración y el movimiento. Este no es el momento de caer en la lona, sino el de escuchar la campanada que te dice: detente y reflexiona. Es tiempo de refrescarte, de tomar tu segundo aire, no pierdas la oportunidad de crecer de los momentos difíciles o de dificultad.

¿QUÉ PUEDES HACER?

Hay acciones que puedes llevar a cabo por ti misma o puedes buscar ayuda en un familiar, la comunidad, la iglesia, con un profesional de la salud que pueda guiarte y motivarte a que salgas del estilo de vida de aislamiento y soledad. Ya es tiempo de salir de tu propio mundo y enfrentarte a una nueva vida llena de buenas oportunidades. Posiblemente tengas una Biblia en tu hogar, si es así, léela, en ella puedes encontrar grandes consejos llenos de sabiduría para ti y para cada situación que enfrentes. A continuación hay algunos ejemplos:

1. **Renueva tus pensamientos, cambia tu forma de pensar.** En Romanos 12:2 NTV dice: «No imiten las conductas ni las costumbres de este mundo, más bien dejen que Dios los transforme en personas nuevas al cambiarles la manera de pensar. Entonces aprenderán a conocer la voluntad de Dios para ustedes, la cual es buena, agradable y perfecta.»

Es importante que busques la raíz de tu vergüenza, cuál fue el evento o las personas que lo ocasionaron. Luego tienes que estar en la disposición de perdonar; mediante el perdón estás liberando a esa persona que has tenido encarcelada, y a la misma vez tú también te estás liberando. Renovar nuestros pensamientos cada día provoca una transformación poderosa, por tal razón es importante permitir que Dios tome el control absoluto de tu vida. Cuando Él cambia nuestra forma de pensar, Su poder y autoridad gobierna nuestra vida.

2. **Enfoca tu forma de pensar en una dirección diferente**
En Filipenses 4:8 NTV dice: «Y ahora, amados hermanos, una cosa más para terminar. Concéntrense en todo lo que es verdadero, todo lo honorable, todo lo justo, todo lo puro, todo lo bello y todo lo admirable. Piensen en cosas excelentes y dignas de alabanza.»

Desecha los pensamientos negativos de tu mente y medita en la Palabra de Dios para que tus pensamientos sean afirmados. Si tus pensamientos cambian, tus acciones y tu vida también tomarán una dirección diferente. Al concentrar tus pensamientos en cosas positivas no dará espacio a que tu mente sea bombardeada de negatividad. El enfoque permite que puedas establecer metas a corto y a largo plazo e ir en una ruta distinta. Basada en mi experiencia, esta estrategia ha sido muy beneficiosa para muchas personas. Hay que tener en consideración que las vivencias de todas las personas son diferentes y las estrategias y técnicas de ayuda pueden variar. Una mente renovada te ayudará a reenfocarte en tus metas y a la misma vez te impartirá nuevas fuerzas y en vitalidad; pasarás a una nueva temporada en tu vida.

ESTA ES MI HISTORIA

Mi encuentro con la vergüenza comenzó desde muy temprano en mi vida. Desde que tengo uso de razón, siempre viví con mis abuelos maternos y en mi mente de niña nunca pude entender el porqué. Recuerdo que en la escuela me daban tareas para hablar de los miembros de mi familia y siempre me encontraba con la misma pregunta: «¿Por qué vives con tus abuelos en vez de tus padres biológicos?» Honestamente ni yo misma conocía la respuesta. En una ocasión una compañera me preguntó con insistencia:

—¿Quién es tu papá? ¿Dónde está? Todos los niños tienen un papá y una mamá, y tú no.

Yo solo bajé la cabeza. Luego de ese evento comencé a evadir a esa compañera de clases para evitar sus preguntas, la incomodidad y el malestar que me provocaban. En mi adolescencia estaba con un grupo de personas, estábamos dialogando de forma muy amena cuando de repente un familiar me dijo:

—No seas necia, lo único que sabes es decir necedades.

Bajé mi cabeza y me aparté del lugar a llorar.

Otro día estaba en mi casa estudiando, ya cursaba estudios universitarios, cuando llegaron unos familiares de visita y al ver mis libros en la mesa y mis cuadernos los escuché decir:

—Ella va a la universidad porque es la favorita.

No podía entender por qué tanto rechazo, lo único que deseaba era estudiar, sacar buenas calificaciones, graduarme, tener una profesión para ser una mujer de bien. Quería ser enfermera, pues siempre me gustaba ayudar a las demás personas. En mi edad adulta también fui marcada por el rechazo, calumnias, el abandono y la traición. Estos eventos fueron creando en mí una gran vergüenza, nunca se lo dije a nadie, era como un gran secreto que guardaba muy dentro de mí, no quería que nadie supiera por lo que estaba pasando. Por tal razón quería esconderme del mundo y de las personas que tenía alrededor. Comencé a aislarme, a estar sola, escondida en mi propio mundo, y esto se convirtió en un patrón en mi vida. Tenía temor de interactuar con otras personas porque pensaba que era necia, que no tenía valor, era insignificante, que era un estorbo, no tenía nada bueno que aportar y que solo había sido un accidente en la vida. Desde pequeña mi abuela me había enseñado a orar y a creer en que Dios nos escucha y contesta nuestras oraciones. Recuerdo que un día estaba de rodillas en mi habitación y le dije a Dios mi gran secreto:

—Siento mucha vergüenza, no puedo seguir viviendo en mi propio mundo porque sé que tienes algo mejor para mí. Arranca la vergüenza, el dolor, sana mis heridas por favor, yo quiero ser una mujer diferente, ayúdame a perdonar a los que me hirieron, perdónalos porque no sabían lo que hacían.

No recuerdo cuánto tiempo permanecí llorando y siendo honesta con Dios. En ese momento no solo le confesé mi secreto a Dios, sino que solté mi dolor, lo dejé ir lejos, muy lejos. Fue como ir corriendo a refugiarme ante los brazos de papá para que me abrazara fuerte, para que me impartiera seguridad y secara las lágrimas de mi rostro. Desde ese momento ya no fui la misma, fue como si me hubieran arrancado un gran peso, me sentía llena de vida, pero sobre todo amada por Dios, porque para Él sí era importante. Él llenó mi vida de paz, tranquilidad y se llevó el temor y la culpa que sentía para hacer de mi una mujer totalmente diferente. Al cabo de varios días comencé a hacer cambios en mi estilo de vida: oraba todos los días temprano en la mañana, leía la Biblia a diario, escuchaba música de alabanza y adoración y asistía a la iglesia. Comencé a leer muchos libros de diferentes temas y a escribir notas relacionado a los temas que leía, por si acaso algún día podía ayudar a otros que estuvieran pasando por la misma situación. Hoy día imparto talleres, conferencias y retiros de sanidad interior, porque realmente he podido experimentar lo que es la sanidad y la libertad plena en Dios.

Tuve que soltar todo lo que me estaba deteniendo en mi vida para volar y ser una mujer nueva, transformada y restaurada. Puede ser que te identifiques con mi historia, incluso si no es así, te invito a que reflexiones un poco sobre este tema. Comprendo que no es fácil de asimilar y que requiere de tiempo para meditar en él. Pero ha llegado el día de salir de tu escondite, no permitas que la vergüenza te detenga en tu caminar por la vida, es tiempo de sanar, de entregar, es tiempo de libertad. Decide soltar la vergüenza, para que puedas encaminarte a lo nuevo que Dios tiene destinado para ti. Dile adiós al temor porque hoy es un día de nuevas oportunidades. Hay un nuevo capítulo que Dios comenzará a escribir en tu vida.

UNA MUJER CON VERGÜENZA

Juan 4:1-19 nos relata la historia de una mujer muy conocida a pesar de que no menciona su nombre: la mujer samaritana. Esta mujer fue a sacar agua al pozo de Jacob y era alrededor del mediodía; tú y yo sabemos que a esa hora es cuando el sol es intenso. Generalmente las mujeres iban a sacar agua al pozo más temprano y lo hacían en grupos para así ayudarse unas a otras. Me llama la atención que esta mujer fue sola y en una hora donde nadie iba. Esta mujer parece que estaba aislada de la sociedad por su estilo de vida y puede ser que se escondía para no ser vista, juzgada ni rechazada por los demás. Estoy convencida de que sufría de vergüenza. Ella había tenido cinco maridos y el que tenía en ese momento no era suyo. Para la sociedad y los religiosos de esa época, ella era una mujer con muy mala reputación. Me imagino las palabras de rechazo y el maltrato que recibía constantemente. Creo que por tal razón decidió ir al mediodía. Sus acciones muestran que esta mujer sentía vergüenza, estaba desenfocada, con angustia, buscando llenar una satisfacción personal y en busca de la felicidad. En algunas versiones menciona que a Jesús le era necesario pasar por Samaria, ya Dios tenía un plan para esta mujer sin que ella lo sepa. No fue casualidad el que Jesús se sintiera cansado y se sentara junto al pozo, su acción fue con la intención de tener un encuentro con esta mujer para saciar su sed espiritual. Creo que ella al ir al pozo a mediodía, tendría un encuentro que cambiaría su vida para siempre.

En esa época los judíos y los samaritanos no se trataban entre sí, pero Jesús le dijo a la mujer:

—Por favor, dame un poco de agua para beber.

Debido a las diferencias culturales que ya habían sido establecidas por la sociedad, la mujer se sorprendió. Jesús le dijo que Dios tenía un regalo para ella y que Él tenía agua viva. Ella lo observó detenidamente pues Él no tenía con qué sacar agua del pozo. Aquí es cuando Jesús le dijo una verdad transformadora: «Cualquiera que beba de esta agua pronto volverá a tener sed, pero todos los que beban del agua que yo doy no tendrán sed jamás. Esa agua se convierte en un manantial que brota con frescura dentro de ellos y les da vida eterna.» Juan 4:13-14 NTV.

De inmediato ella le contestó:

—Por favor, Señor, dame de esa agua, así nunca más volveré a tener sed.

Mediante la conversación que ella tuvo con Jesús reconoció quién era Él y el poder de Sus palabras. Tenía una gran urgencia de saciar muchas áreas de su vida y sin titubear le pidió de esa agua fresca que Él le estaba ofreciendo. En ese momento, la mujer samaritana estaba cerrando un capítulo de su vida porque había una nueva historia de sanidad y libertad plena. Su vergüenza solo sería parte de su historia, pero no de su nuevo estilo de vida. Quizá continuaría siendo señalada por los religiosos y por la sociedad, pero no por el Dios que había saciado su sed espiritual. Puede ser que tú, al igual que esta mujer, hayas tenido un pasado con mucha dificultad donde quizás fuiste señalada, ridiculizada, humillada, maltratada, abandonada, criticada por tu estilo de vida o por las decisiones que un día tomaste.

Quizás al pasar el tiempo comenzaste a sentir inseguridad, desconfianza, rechazo, incomodad ante las miradas de los demás, timidez y desarrollaste problemas de autoestima. Por eso optaste por ocultarte de la vista de los demás, para que no supieran que estabas ahí. El aislamiento se convirtió en tu zona de comodidad y has querido salir de ahí pero no lo has logrado. En ocasiones levantamos una murallas muy fuertes y bastante elevadas, porque es la forma de protegernos para evitar ser heridas nuevamente. Hoy te invito a que permitas que sea Dios el que pueda derribarlas. Cédele el control absoluto, solo Él puede impartirte la seguridad que necesitas para volver a comenzar. Dios te brinda una nueva oportunidad para enfrentarte a la vida con la frente en alto, llena de valor y nuevas fuerzas, porque puede transformarte en una gran joya de gran valor. Para que en vez de ser señalada y criticada seas admirada por lo que Él ha hecho en ti.

En Isaías 54:4 NTV dice: «No temas; ya no vivirás avergonzada. No tengas temor; no habrá más deshonra para ti. Ya no recordarás la vergüenza de tu juventud ni las tristezas de tu viudez.»

Dios promete llevarse la vergüenza, el temor y la tristeza para devolverte la sonrisa que un día te robaron. Dios quiere entregarte honra y coronarte de favores y misericordias cada día de tu vida.

ORACIÓN

Señor, hoy decido entregarte mi vergüenza y el temor, quiero soltar estos pensamientos que me han estado abrumando por tanto tiempo. Quiero salir de mi propio mundo para que me hagas partícipe de todo lo nuevo que tienes para mí. Suelto todo lo que me ha estado deteniendo porque quiero experimentar la sanidad y la libertad que hay en ti. Quiero ser restaurada y transformada para volver a sonreír de felicidad. Amén.

PARA REFLEXIONAR

Cuando escuchas la palabra vergüenza, ¿qué sientes?, ¿Cuáles son los sentimientos o emociones que se generan en ti?

¿Te importa lo que otras personas piensan de ti?

¿Sientes que quieres esconderte de los demás?

¿Qué pensamientos te perturban?

¿Has creado un perfil o personaje falso acerca de ti, como por ejemplo, en las redes sociales? Si tu contestación es sí, ¿por qué lo hiciste?

CAPÍTULO 10
METAMORFOSIS: SANIDAD Y LIBERTAD PLENA

«No moriré, sino que viviré para contar lo que hizo el Señor.»
Salmo 118:17 NTV

Al inicio de este libro hay un contrato para que decidas voluntariamente comenzar un viaje maravilloso hacia la sanidad y libertad plena. Pero este no es un viaje cualquiera, sino que es muy especial; la diferencia es que tú no vas sola, sino tomada de la mano de Dios. Esto debe ser así para que te detengas en cada una de las estaciones de tu vida y reflexiones objetivamente. Este proceso implica sentirse vulnerable al ir al pasado y recordar eventos dolorosos que marcaron tu vida. Puede ser que te estés preguntando: «¿Qué es un proceso?» Un proceso es una secuencia de acciones que se llevan a cabo para lograr un fin deseado. Como te dije anteriormente, durante este recorrido tendrás a Dios contigo para abrazarte, consolarte, impartirte nuevas fuerzas y enjugar tus lágrimas. Sanar es una decisión que cada uno de nosotros tiene que tomar. Tomar esta decisión implica decidir comenzar un proceso de transformación y cambio para obtener resultados. Si firmaste el contrato y le pusiste fecha, te felicito; si no lo hiciste, aún estás a tiempo. Cuando sanas tu interior te conviertes en una mujer de impacto y en un agente de cambio.

Durante mayo del 2023, tuve la oportunidad de ir a Puerto Rico y participar en un congreso de mujeres, bajo el tema: *Mujer, sanando mi interior*. Para mí fue un gran privilegio haber sido invitada a un evento de esa magnitud, donde un gran grupo de mujeres se habían reunido para sanar su interior. Llegamos temprano al evento y pude observar detenidamente cuando las personas iban llegando. Algo que me llamó la atención fue el ver la emoción y la expectativa en cada una de ellas. Algunas me expresaron que pasaron algunas dificultades para llegar, debido a situaciones imprevistas de último momento, pero nada las detuvo para recibir lo que Dios tenía preparado para ellas. En el Jardín Botánico había una reunión de mujeres con sed de sanar su interior, de ser restauradas, transformadas y sentir una libertad plena en sus vidas.

Desde el inicio comenzaron a cantar y danzar libremente, invitando al Espíritu Santo para que tomara el control absoluto en sus vidas. Ellas estuvieron dispuestas a sanar, creyeron con todo su corazón que solo Dios tenía el poder y autoridad para sanar las heridas del pasado. Ellas habían tomado la decisión de entregarlo todo a los pies de la cruz y de soltar todo el peso del dolor que habían llevado por tantos años. Al final del evento escuchamos testimonios maravillosos y muchas personas se me acercaron para hablarme en privado sobre su experiencia de sanidad y libertad. Vi el brillo en sus ojos y percibí el gozo que cada una de ellas proyectaba. Fue un día muy especial en el cual Dios me volvía a sorprender una vez más; yo soy simplemente un instrumento en sus manos. Una de las cosas que más me apasiona es impartir una palabra de esperanza y transformadora que viene del corazón de Dios y ver los milagros que solo Él puede hacer. La época de los milagros no ha pasado, aún sigue vigente para ti y para mí. Hay un milagro que viene de camino y lleva tu nombre. Simplemente puedo decir: ¡Gracias Dios! ¡La gloria, la honra y el honor es solo para ti!

SANAR ES UNA DECISIÓN

En una ocasión, Nelson Mandela dijo: «Al salir por la puerta hacia mi libertad supe que, si no dejaba atrás toda la ira, el odio y el resentimiento, seguiría siendo un prisionero.»

Como he dicho varias veces, sanar es una decisión, no puede ser algo impuesto o forzado: es una decisión voluntaria. Las heridas del pasado tienen un gran efecto en el pensamiento, la conducta y en las emociones, porque sin darte cuenta hieres a los demás y muchas veces no te das cuenta. Para evitar ser herida generas un estilo de vida y hábitos que se convierten en tu defensa, en un muro de protección. El pasado muchas veces nos acorrala de manera tal que nos hace sentir incapaces de poder lograr un cambio. Sanar y ser libre implica dejar el pasado atrás, soltar la tristeza, amargura, culpa, falta de perdón, soledad, ansiedad, baja autoestima, vergüenza y todo tu dolor. Desde el inicio de cada capítulo he querido mostrarte la puerta hacia la libertad plena para que ya no seas esclava o una prisionera del pasado porque Dios tiene un gran propósito en tu vida y naciste para ser totalmente libre. Uno de los pasos más importantes durante todo este proceso es ir a los pies de la cruz, porque ese es el lugar de entregarlo todo, de soltar para volar. Es el lugar de reconocer que a través de tus propias fuerzas no lo puedes lograr, solo con la ayuda de Dios porque Él es el que tiene el poder y toda la autoridad para libertar y sanar. Es el lugar de nuevos inicios, de nuevas oportunidades, para que te encamines con paso firme y seguro hacia tu nueva temporada. Hay personas que se privan de la sanidad y la libertad que Dios tiene para ellas y deciden seguir siendo prisioneras en su propia cárcel. Muchos no desean salir de la zona de comodidad en la cual han estado por muchos años. Pero anhelo con todo mi corazón que tú hayas decidido sanar y ser transformada para que puedas comenzar una nueva temporada en tu vida.

LA METAMORFOSIS: DE ORUGA A MARIPOSA

Para las personas que me conocen saben que la mariposa es uno de mis animales favoritos, porque pasa por un proceso maravilloso de metamorfosis en la cual la convierte de oruga, o gusano, a una hermosa mariposa, delicada, llena de color y con libertad para volar. Es un proceso lento de cambio y transformación que por lo general dura tres semanas. El proceso de sanidad interior es un proceso de metamorfosis que pude durar años porque es lento y todas las personas reaccionan de forma diferente. Por tal razón es importante que busques ayuda profesional, consejería pastoral y pertenezcas a un grupo de apoyo o de la iglesia, porque definitivamente necesitarás una persona que te guíe a recorrer esta transformación. Es un proceso doloroso, de crecimiento, de cambio en el cual —al igual que la mariposa— podrás romper el capullo, deshacerte de la crisálida e ir sacando las alas poco a poco con mucho cuidado y esfuerzo. Ocurre un desprendimiento, tienes que soltar la vestidura de oruga para así sacar las alas y expandirlas para exhibir tu nueva imagen, tu nuevo colorido que será bello y generará admiración a los que te rodean. Para volar primero tienes que soltar todo el peso que detiene. La metamorfosis en nuestras vidas implica un cambio y transformación, no solo en lo que podemos ver, sino en nuestro espíritu, alma y cuerpo. Por tal razón en 2 Corintios 5:17 NTV dice:

«Esto significa que todo el que pertenece a Cristo se ha convertido en una persona nueva. La vida antigua ha pasado; ¡Una nueva vida ha comenzado!»

Experimentar sanidad y una libertad plena te lleva a un nuevo nivel en tu vida como mujer, esposa, madre, hija y en todos los roles que puedas desempeñar. Al dejar el pasado atrás, podrás ver el futuro con claridad e ir en busca de tu propósito. Sí, eres una mujer con un propósito divino y maravilloso; Dios aún tiene muchas cosas para ti, tu familia y las personas que te rodean; y este es solo el inicio.

MI METAMORFOSIS

Al igual que tú, un día tomé la decisión de sanar. Siendo honesta, al inicio, esto me causó mucho temor porque no sabía si iba a poder soportar toda la carga emocional que este proceso conlleva. Para mí, sanar implicaba tener que ir a ese sótano frío y oscuro a buscar el baúl donde había decidido guardar mis recuerdos y mi dolor. No fue nada fácil, había ocasiones en las cuales me sentía desfallecer y parecía que iba a perder la vida. No obstante, de forma repentina llegaban nuevas fuerzas, fe y deseos de seguir en mi proceso de sanidad; me había propuesto con mucha valentía llegar a la meta a pesar de lo que tuviera que enfrentar. Fue un largo proceso que duró varios años; y agradezco a Dios por las personas que estuvieron a mi lado para ayudarme cuando más lo necesitaba. Recibí ayuda psicológica, terapias, consejería, participé en retiros, talleres, conferencias, pero no sola, todo fue tomada de la mano de Dios.

Fui creada, esculpida y entretejida en el vientre de mi madre por el Dios que me ama, por tal razón me cuidó y me libró de la muerte. No soy producto de un accidente, soy una mujer llamada propósito. Un día pude sentir que Dios metió su mano en mi corazón y arrancó mi dolor, mis raíces de amargura, tristeza, baja autoestima, culpa, la ansiedad, depresión, falta de perdón, temor, vergüenza, angustia y soledad, y restauró mi corazón roto y herido. Con Su bisturí divino arrancó todo con mucho cuidado y con Su gran amor me protegió y me consoló y me llamó Su hija. Con Su ayuda pude derribar a los gigantes que me asechaban y sobrepasé los desafíos que encontré a mi paso. No podía hacerlo sola ni con mis propias fuerzas, necesitaba una intervención divina para salir airosa de esa misión especial. Hoy, al ver las cicatrices que han quedado de mis heridas, puedo exhibirlas como señal de triunfo, son un gran trofeo de victoria. Al mirarlas puedo decir que es solo una evidencia del poder sanador, restaurador y transformador de Dios, porque nací para ser libre y para experimentar la libertad plena que solo Él me puede dar. Puedo gritarle al mundo que verdaderamente soy una mujer que ha vivido la sanidad interior y siente una libertad plena. El pasado es solo un recuerdo que no me tortura ni que me causa dolor. Dios me ha llenado de Su paz, gozo, plenitud y con muchos deseos de vivir para llevar un mensaje de esperanza a las personas que lo necesitan. Por tal razón te he abierto mi corazón para contarte mi experiencia, porque si Dios lo hizo conmigo también lo puede hacer en ti.

NO MIRES HACIA ATRÁS

Génesis 19 narra la historia de una mujer que miró hacia atrás y tuvo consecuencias devastadoras en su vida y en la de su familia. Ella tenía un esposo llamado Lot, y ella y su familia se encontraban en la ciudad de Gomorra. Esa ciudad estaba llena de pecado, maldad y perversidad. Su esposo Lot recibió instrucciones de abandonar ese lugar con su familia porque Sodoma y Gomorra iban a ser destruidas. Cuando quedaron a salvo fuera de la ciudad, recibieron órdenes de correr para salvar sus vidas, de no mirar hacia atrás y de no detenerse en ningún lugar. Tal y como les habían dicho, ambas ciudades fueron destruidas por el pecado, maldad y desobediencia a Dios. Pero la esposa de Lot miró hacia atrás y quedó convertida en estatua de sal. Desconocemos las razones por las cuales esta mujer desobedeció y miró hacia atrás, lo que sí sabemos es que su desobediencia trajo consecuencias de muerte. Imagino que ese lugar estaba lleno de recuerdos, pertenencias y experiencias de vida y no debió haber sido fácil dejarlo repentinamente para escapar por su vida. Cuando pasamos por un proceso de sanidad interior y libertad, es muy importante mantenerse firme y no mirar hacia atrás. El pasado no lo podemos cambiar, el tiempo no lo podemos retroceder; pero puedes estar en control del presente y del futuro. Enfócate en la meta para que puedas llegar lejos; sueña en grande, no te detengas. Mirar hacia atrás te puede hacer perder el enfoque, te detiene en el camino y te distrae. Siempre tienes que mirar hacia adelante, con la frente en alto y llena de mucho valor.

Luego de haber pasado por un proceso de sanidad, comencé a distraerme, desenfocarme y a tratar de buscar respuestas en lugares equivocados. Esto causó que perdiera cinco años de mi vida y cuando traté de reenfocarme, se me hizo muy difícil. Es como cuando un corredor está compitiendo en un maratón muy importante y puede ver a otros competidores que le pasan por el lado. Mirar hacia atrás para ver lo que sucede a su alrededor puede traer desánimo, perder el enfoque de la meta y retroceder en el lugar que había estado ocupando. El cansancio, la fatiga, los calambres en los músculos y el dolor se apoderan de él y creerá que no puede seguir en la carrera. Si el corredor se enfoca en lo que está sintiendo y en las circunstancias, y presta atención a lo que su cuerpo le dice, muy pronto tomará la decisión de darse por vencido. Por tal razón hay que mantener el enfoque en la meta y no mirar hacia atrás. Renueva tus pensamientos cada día, llénate de optimismo y sobre todo pon tu mirada en Dios.

La Biblia compara nuestro caminar en la vida y nuestra vida de fe con una gran carrera. En Hebreos 12:1 NTV dice:

«Por lo tanto, ya que estamos rodeados por una enorme multitud de testigos de la vida de fe, quitémonos todo peso que nos impida correr, especialmente el pecado que tan fácilmente nos hace tropezar. Y corramos con perseverancia la carrera que Dios nos ha puesto por delante.»

Suelta todo lo que impida correr. Te animo a que no te des por vencida; no te rindas, persiste. Sigue sanando tu interior, sigue buscando ayuda, este solo es el inicio. Un día podrás reflexionar y darte cuenta de que has recorrido una larga trayectoria con el mejor entrenador del mundo: Dios.

CREE EN TI

En los capítulos de este libro compartí algunas experiencias de mi vida, de algunas personas y de mujeres en la Biblia que también pasaron por la misma experiencia o situaciones similares. Pero de hoy en adelante tú serás la protagonista de una nueva vida, podrás iniciar un nuevo capítulo mirando la vida de una forma diferente. Las experiencias por las cuales has pasado han dejado grandes huellas, pero también grandes enseñanzas. Somos el producto de nuestra propia historia, experiencias, de las huellas que otras personas han dejado, de nuestros sueños, de la toma de decisiones, de nuestra cultura y de nuestras propias convicciones. Creer en ti implica reconocer que tienes un gran valor y propósito; tu actitud marca la diferencia. En esta nueva etapa de tu vida, camina con optimismo, nuevas fuerzas, determinación y sobre todo con mucha fe, teniendo un fundamento fuerte en Dios. Tienes que edificar sobre un cimiento sólido, tu vida debe estar cimentada en Dios quien te impartirá fortaleza, estabilidad, fe y seguridad. Cuando llegue la tormenta, la inundación y los fuertes vientos, nada podrá derrumbarte porque tu vida ha sido cimentada en el lugar correcto, en la roca y no en la arena.

¿QUÉ TIENES QUE HACER?

- **Ir a los pies de la cruz:** «Pues Dios amó tanto al mundo que dio a su único Hijo, para que todo el que crea en él no se pierda, sino que tenga vida eterna.» Juan 3:16 NTV.
Reconoce que Jesús fue a la cruz por ti y que a través de Su sacrificio tienes perdón de tus pecados, salvación y vida eterna. Invítalo a morar en tu corazón y cree en Sus promesas; Él es el mejor regalo que puedes recibir.

- **Busca un lugar para congregarte:** Busca una iglesia en la cual puedas congregarte y seguir creciendo en la fe. Compartir con una comunidad de fe te ayuda a crecer; puedes recibir el apoyo que necesitas, conoces otras personas y puedes participar en las actividades, programas que tienen disponibles y aumenta tu fe.

- **Aprovecha cada oportunidad:** Participa en grupos de mujeres, grupos de apoyo en la iglesia y en la comunidad. Esto te servirá para motivarte, y a la vez tú puedes ser de mucha inspiración para otras personas. Lee libros con temas que te ayuden a crecer, lee la Biblia, participa de talleres, club de libros, conferencias virtuales y presenciales, grupos de oración y retiros.

- **Invierte tiempo en ti:** Es importante que dediques un tiempo a solas para ti, para recapitular y ver cómo te sientes y donde te encuentras, física, emocional y espiritualmente. Esto te ayudará a evaluar tu progreso y revisar tus metas; puedes hacerlo cada tres meses.

- **En el lugar secreto:** Busca un lugar acogedor en tu casa y separa un tiempo para leer la Biblia y meditar en ella. Además, puedes orar y presentar tu vida delante de Dios. Recuerda que este recorrido por la vida será tomada de su mano. Te garantizo que este tiempo sacará lo mejor de ti.

ES TIEMPO DE VOLAR

El águila es un ave maravillosa que, al igual que nosotros, pasa por un proceso de lucha, superación y transformación. Vive por espacio de 70 años, pero a la mitad de su vida tiene que tomar una decisión muy seria la cual repercutirá en el resto de su vida. Alrededor de los 40 años, sus uñas se vuelven débiles y no puede sujetar a sus presas y alimentos como antes. Su pico puntiagudo comienza a perder su filo y comienza a encorvarse, y esto hace que no pueda comer bien ni sostener a sus presas. Sus alas envejecen y se tornan pesadas y gruesas, lo cual le dificulta volar y le impide remontarse a las alturas. Entonces el águila tiene que enfrentarse a un proceso de renovación o morir debido a que su condición irá en deterioro.

Para comenzar su proceso, el águila debe volar hacia lo alto de una montaña y buscar un nido cercano a una pared, donde no tenga la necesidad de volar. Al llegar a ese lugar, comienza a golpear la pared con su pico hasta arrancarlo. Tiene que permanecer en su nido hasta que su nuevo pico vuelva a crecer. Tan pronto tiene su nuevo pico, desprende cada una de sus uñas y nuevamente espera a que le crezcan uñas nuevas. Y cuando ya tiene sus uñas nuevas comienza a arrancar sus plumas viejas y espera a que salga su nuevo plumaje. Este proceso de renovación dura 150 días aproximadamente. Luego de todo este tiempo de pasar hambre, dolor, frío y soledad, el águila se alista para volar. Luego de todo esto, el animal puede vivir 30 años más.

Nosotros, al igual que el águila, llegamos a un momento en el cual tenemos que decidir sanar nuestro interior y experimentar una libertad plena. Al hacerlo también entramos en el proceso de arrancar todo aquello que nos limita y nos impide tener una vida de sanidad y plena libertad. Es un proceso doloroso y difícil que toma su tiempo; pero al final, tú —al igual que el águila— estarás lista para tu nueva vida y comenzar una nueva temporada.

Si al leer cada capítulo de este libro has meditado detenidamente, has hecho una introspección, y accionar, te felicito. Puedo decirte con seguridad que este es tu tiempo para volar. Para encaminarte a la nueva vida de plenitud que Dios tiene para ti. Entra en tu nueva temporada, llena de gozo, paz, con nuevas fuerzas, llena de seguridad, confianza, fe, a un nuevo futuro lleno de esperanza, tomada de la mano de Dios. Estás lista para gritarle al mundo que has recibido sanidad y libertad plena, porque decidiste soltar para volar. ¡Sonríe y levanta tu cabeza! ¡Abre tus alas y extiéndelas sin temor, para remontarte a las alturas!

«En cambio, los que confían en el Señor encontrarán nuevas fuerzas; volarán alto, como con alas de águila. Correrán y no se cansarán; caminarán y no desmayarán.» Isaías 40:31 NTV

ORACIÓN

Señor, gracias por este proceso de sanidad interior que me ha hecho sentir una libertad plena en ti. Gracias por sanar mi corazón herido, derribar fortalezas, vencer a los gigantes que me infundían temor, y porque he recibido perdón, gozo y paz. Gracias por devolverme la sonrisa que un día perdí. Hoy entro en mi nueva temporada, tomada de tu mano y comprendo que es tiempo de volar.

PARA REFLEXIONAR

¿Tomaste la decisión de sanar?

Mediante la lectura y la reflexión, ¿qué pudiste soltar?

¿Cuál fue tu experiencia con tu metamorfosis?

¿Estás dispuesta a continuar con tu proceso de sanidad interior?

Me gustaría que compartieras conmigo tu experiencia al leer este libro. Si deseas participar en los talleres de sanidad interior que voy a impartir, puedes comunicarte conmigo. Recuerda, estoy aquí para ayudarte.

Escríbeme: evelynperales32@gmail.com

Acerca de la Autora

Evelyn Perales nació Nació en la bella isla del Cordero, Puerto Rico y vive en la ciudad de Chicago, Illinois, Estados Unidos. Cursó estudios universitarios en la Universidad Interamericana de Puerto Rico, donde obtuvo el título profesional de enfermera. Tiene una trayectoria profesional de 34 años, y en la actualidad se desempeña en el área de geriatría y rehabilitación en el Hospital de Veteranos, en Chicago.

En el área ministerial, estudió teología y obtuvo un grado académico de liderazgo en el ministerio de la mujer. Es pastora asociada de La Casa del Alfarero en Chicago y dirige el Ministerio Mujer Eres Libre. Se desempeña como mentora de líderes en el ministerio de intercesión, consejería pastoral, discipulado, desarrollo de estudios bíblicos y prédicas.

Dicta conferencias de salud, violencia doméstica, sanidad interior, desarrolla y dirige retiros, conferencias y eventos para mujeres en Estados Unidos y Latinoamérica.

Completó un currículo académico en Academia Güipil: Escribe y publica tu pasión, y es la autora del libro Soy una mujer llamada propósito.

En su tiempo libre hace decoración de interiores y le gusta floristería, leer, escribir, cocinar y hacer manualidades. Le gusta mucho la historia, viajar y conocer otras culturas alrededor del mundo.

Para conectarte con la autora
Facebook: Evelyn Perales Oficial
Instagram: @evelynperales_oficial
Página web: evelynperales.com
Email: evelynperales32@gmail.com

www.ingramcontent.com/pod-product-compliance
Lightning Source LLC
Chambersburg PA
CBHW071117160426
43196CB00013B/2602